Formando Atletas de Futebol com Coaching

Ricardo Policarpo de Oliveira

Copyright© 2014 by Editora Ser Mais Ltda.
Todos os direitos desta edição são reservados à Editora Ser Mais Ltda.

Presidente:
Mauricio Sita

Capa:
Gustavo Quinteros

Diagramação e projeto gráfico:
Gustavo Quinteros

Revisão:
Ana Luiza Libânio

Gerente de Projetos:
Gleide Santos

Diretora de Operações:
Alessandra Ksenhuck

Diretora Executiva:
Julyana Rosa

Relacionamento com o cliente:
Claudia Pires

Impressão:
Gráfica Pallotti

Dados Internacionais de Catalogação na Publicação (CIP)
(Câmara Brasileira do Livro, SP, Brasil)

Oliveira, Ricardo Policarpo de
Formando atletas de futebol com coaching /
Ricardo Policarpo de Oliveira. -- São Paulo :
Editora Ser Mais, 2014.
ISBN 978-85-63178-67-1
1. Atletas 2. Coaching esportivo 3. Esportes -
Carreira profissional - Desenvolvimento 4. Futebol
5. Inteligência emocional I. Título.

14-12510   CDD-796.334

Índices para catálogo sistemático:
1. Coaching no esporte : Atletas de futebol :
Carreira profissional : Desenvolvimento
796.334

Editora Ser Mais Ltda
Rua Antônio Augusto Covello, 472 – Vila Mariana – São Paulo, SP
CEP 01550-060
Fone/fax: (0**11) 2659-0968
Site: www.editorasermais.com.br e-mail: contato@revistasermais.com.br

AGRADECIMENTOS

Certo dia, navegando pela internet, encontrei um anúncio e um convite para participar de cursos relacionados a coaching. Como me encontrava em um momento de indecisão na minha vida profissional, se deveria ou não continuar a minha carreira como engenheiro mecânico, resolvi arriscar. A partir daí, apostei todas as minhas fichas e, em apenas um ano, me tornei coach esportivo.

Durante a realização das formações em coaching, percebi que poderia contribuir de forma diferente para o futebol, já que, mesmo não tendo concretizado o sonho de ser jogador, a minha paixão pelo esporte continuou a mesma. Nesse sentido, o coaching foi um achado para a minha vida, por me fazer entender que a minha história no futebol não tinha acabado, e que eu poderia tentar, por meio dessa formação, contribuir de alguma maneira para a melhoria do esporte. A ideia era provocar uma reflexão para identificar os problemas e tentar solucioná-los.

Concluído o curso, era hora de dar o pontapé inicial: a dúvida era o que e como poderia fazer para compartilhar as minhas ideias, e como poderia provocar nas pessoas um sentimento de mudança, de responsabilidade diante das fragilidades em que vive o nosso futebol. Percebi que a única forma de provocar tal reflexão seria pela elaboração de um livro.

Depois de muitas pesquisas e estudos, de muitas noites em claro, consegui levantar um vasto material dentro da literatura proposta, e o encaminhei para alguns profissionais e amigos que me incentivaram e muito a dar continuidade à empreitada. Queria agradecer, primeiramente, aos colegas coaches, pelo incentivo na realização deste projeto, em particular à master coach Maria Cristina Moreira da Silva. Graduada em Filosofia, Administração de Empresas e especialista em Administração Estratégica de Pessoas, ela contribuiu com o seu conhecimento na revisão técnica do livro.

Agradeço também ao Antônio Cândido (Toninho), ao Marcelo Mendes, ao Sérgio Araújo e ao Flávio Ferreira, pela oportunidade de trabalhar no projeto Proesp, que consiste na formação de atletas de futebol dentro de um contexto sociocultural, um projeto que possibilita colocar em prática as ações e reflexões apresentadas neste livro.

Não poderia também deixar de agradecer ao amigo e irmão, Lúcio Flávio Costa de Souza, sociólogo com MBA em Consultoria e Licenciamento Ambiental e especialização em Gestão Responsável para Sustentabilidade pela leitura do material, muito me ajudando na revisão do livro devido à sua experiência na área socioambiental.

Outro agradecimento vai para o meu tio Fernando Policarpo, pela sabedoria e pelos conselhos com que sempre me agraciou.

E, para finalizar, quero agradecer às pessoas que amo, à minha família: meus queridos pais e irmãs, minha linda esposa Marquele, pelo carinho, amor, compreensão e apoio, e aos meus filhos Gabriela César e Pedro Arthur, pelo amor que recebo e sinto.

PREFÁCIO

O momento atual do futebol no Brasil reflete o que acontece no mundo com o esporte. Ele se transformou num rico espetáculo movido por uma grande indústria que visa ao processo produtivo de geração de grandes craques. Esse é o cenário que ameaça o futebol-arte, porque os jovens talentos passaram a ser vistos como moeda de troca. Meninos que cresceram aprendendo a amar o esporte se veem enredados numa engrenagem de poder que desconhece sua realidade e de suas famílias.

Foi certeiro o físico Frijof quando disse que "o capitalismo ameaça e destrói comunidades locais pelo mundo afora (...) torna diversidade em monocultura, ecologia em engenharia e a vida em uma mercadoria", ou seja, todas as relações em nossa existência se transformam no poder pelo poder, no lucro pelo lucro.

É assim que grande parte dos meninos que sonham com o glamour dos grandes gramados do Brasil e do mundo precisam lutar todos os dias com graves problemas sociais, o desemprego dos pais, a precariedade da saúde, a criminalidade, a violência em todos os sentidos, as dificuldades de aprendizagem e a falta de uma orientação sociopedagógica enfocando questões cognitivas para jovens. E, mais diretamente ligadas ao esporte, dificuldades como a ausência de ações interdisciplinares com profissionais de várias áreas, a ausência de uma rede com o intuito de fomentar projetos voltados para a melhoria do futebol.

Se é inegável o peso da cultura futebolística entre nós, também é preciso dizer que não cabe mais amadorismo, que não se pode mais "tampar o sol com a peneira" – isso quando se pensa nas possibilidades de inserção dos jovens brasileiros em nosso esporte mais popular de forma profissional.

Em nome de um futuro mais esperançoso, o presente livro nos convida a uma reflexão sobre a dura trajetória de crianças e adolescentes que sonham ser jogadores profissionais de futebol. Mostra-nos a necessidade de se trabalhar com métodos eficazes na construção de vida dos atletas com técnicas inovadoras de acompanhamento individual e coletivo, estabelecendo metas individuais e incentivando cada atleta no desenvolvimento do poder criativo.

A princípio, o leitor irá se familiarizar com questões relacionadas ao conceito de coaching e coach esportivo – significado e propostas para a formação dos atletas. Interessante é a abordagem sistemática de cada tema com base numa metodologia que pode ser aplicada a uma determinada realidade em que as técnicas utilizadas conseguem alcançar resultados positivos.

Este livro parte do pressuposto da necessidade do "olho externo" para o desenvolvimento do indivíduo com o objetivo de apoiá-lo em seu autoconhecimento, ou seja, um olhar diferente para a realidade em que ele está inserido.

Segundo o autor, o coach esportivo se define como o "personal trainer da mente", ajudando o atleta a permanecer com foco, concentrado, alinhado e desligado dos fatores extracompetição para poder atuar com a mente calma e tranquila. Com o controle das emoções, eleva-se a capacidade criativa e o desempenho na busca de resultados. Lembra o autor que o equilíbrio é desejado e pode ser alcançado, ainda que se enfrentem problemas econômicos ou de convívio social. "Ter metas e objetivos é fundamental para qualquer pessoa que deseja alcançar bons resultados, podendo ser considerado como combustível de motivação para superar todos os desafios que possam surgir ao longo da vida".

Em outra parte, o livro denuncia a vulnerabilidade em que se encontram os jovens e adolescentes atletas. Para o autor, o trabalho desenvolvido pelos profissionais na formação de jovens atletas é de nos deixar perplexos, principalmente pela maneira com que esses adolescentes são tratados nos clubes de futebol. Eles "passaram a ser olhados não como seres humanos possuidores de carências, desejos e sonhos, mas como moeda de troca que pode ser descartada a qualquer momento". É assim que, ao desamparo pessoal e familiar dos jovens, soma-se a inoperância do Estado. Atualmente, nenhuma legislação trata do assunto, deixando crianças e adolescentes à mercê de empresários inescrupulosos.

E se o futebol não der certo? A educação é outro tema importante abordado neste livro. Muitos jovens saem de casa e param de estudar para se dedicar exclusivamente aos treinamentos e jogos. Para o autor, é fundamental que haja um trabalho com profissionais capazes de reorientá-los para uma segunda alternativa em suas carreiras, caso não sejam bem-sucedidos no projeto de se tornarem jogadores profissionais. Ele comenta: "Os jovens precisam entender que na vida existem várias oportunidades e que o futebol é apenas uma das opções existentes".

Enfim, o leitor tem em mãos uma ferramenta inovadora a ser utilizada pelos profissionais da área ou por qualquer pessoa que tenha interesse nos rumos do nosso futebol. É leitura de possibilidades – para se obterem mudanças reais. Instigante, desafiador, ousado e surpreendente, porque nos convida a uma reflexão sobre uma realidade que sempre esteve próxima aos nossos olhos, mas que nunca tivemos a capacidade de enxergar.

Boa leitura.

Lúcio Flávio Costa de Souza

Formado em Ciências – Bacharel em Sociologia – Especialista em Gestão Responsável para a Sustentabilidade e MBA em Consultoria e Licenciamento Ambiental

Sumário

Agradecimentos---3

Prefácio---5

Capítulo 1
Conceitos de coaching -------------------------------------11

Capítulo 2
Benefícios do coaching esportivo para o futebol--------------17

Capítulo 3
Exemplo de processo de coaching – Categorias de base buscam a excelência na formação de atletas de futebol------23

Capítulo 4
Exemplo de processo de coaching: jovem deseja tornar-se atleta profissional de futebol-------------------------------33

Capítulo 5
Os dois lados da moeda futebol-----------------------------39

Capítulo 6
As ferramentas do coaching para os atletas---------------61

Capítulo 7
Atitudes e comportamentos para os profissionais do futebol---91

Capítulo 8
Entrevistas e depoimentos de ex-atletas e profissionais da bola – futebol & coaching---------------------------------105

Capítulo 9
AGAP e algumas histórias do futebol--------------------119

Capítulo 10
Conclusões do autor -------------------------------------125

Capítulo 11
Depoimentos de outros profissionais da bola sobre o coaching
---**129**
Capítulo 12
Resumo do livro *O jogo interior de tênis* – Reflexões sobre aspectos mentais---**133**

Capítulo 13
Depoimento de uma psicóloga sobre a formação de atletas
--**141**

1

CONCEITOS DE COACHING

O que é coaching?

Coaching é o processo de transportar pessoas de onde estão (estado atual) para onde desejam chegar (estado desejado), apoiando-as na identificação de comportamentos mais adequados e na busca de melhores resultados, através da identificação e uso das próprias competências desenvolvidas, como também do reconhecimento e superação de suas fragilidades.

Coaching é o processo mais eficaz de desenvolvimento pessoal e profissional. Ele assegura que o cliente possa dar o melhor de si, aprender e desenvolver-se da maneira que ele quer, apoiando e motivando esse cliente na busca de realizar as metas e objetivos traçados.

Coaching é também uma relação de parceria que revela e liberta o potencial das pessoas de forma a maximizar o seu desempenho, ampliando os resultados positivos através do seu autoconhecimento e aprendizagem. É ajudá-las a aprender, ao invés de ensinar algo a elas.

O coach esportivo é o personal trainer da mente.

Para entender um pouco mais sobre o que é coaching, o coach ajuda as pessoas expandir suas competências, seu desempenho e suas crenças para que possam ver além do que são hoje, para que possam ver o que elas querem se tornar amanhã. Ele atua com profunda dedicação para ajudar outra pessoa, o seu cliente, a conseguir ser o que ela quer ser, atingindo suas metas.

Como surgiu o coaching?

A palavra coaching remonta a épocas bem antigas, quando os cocheiros usavam uma carruagem para transportar as pessoas de valor de um local para outro.

Foi Timothy Gallwey, com seu livro The Inner Game (1970), quem provocou o surgimento do coaching no Brasil enquanto processo de desenvolvimento pessoal e profissional. Gallwey foi técnico de tênis e transferiu os conceitos desse jogo para o coaching esportivo, ampliando a aplicação de técnicas universalmente relevantes.

Entendendo que o *coach* apoia o atleta na busca e realização da sua melhor performance, ele diz: "Os verdadeiros adversários dos atletas não são seus concorrentes, mas suas próprias limitações e fraquezas".

Ainda segundo Gallwey, a importância do coaching nos esportes é que, numa competição, existem dois jogos: um exterior e um interior. O jogo exterior é jogado contra o adversário, na intenção de superá-lo; e o interior é aquele jogado consigo mesmo. A disputa é travada com a falta de concentração, de autoconfiança, com a ansiedade, a dúvida e outros vícios mentais que se tornam obstáculos e inibem a alta performance.

Um dos papéis do coach esportivo é ajudar o atleta a alinhar essas duas visões, apoiando-o na busca e realização da sua melhor performance.

Para jogar o jogo exterior, o atleta recebe todo o aporte financeiro e outros recursos de um clube, tendo à disposição bons treinadores e preparadores físicos, fisioterapeutas, equipamentos, conhecimento tático e técnico – isso é necessário.

Porém, nos tempos atuais, o grande diferencial de um atleta envolve os conhecimentos, habilidades e atitudes exigidas para enfrentar a disputa interna, aquela que é realizada no pensamento. O objetivo desse jogo interior é permanecer com foco, concentrado, alinhado, desligado dos fatores extracompetição.

Entra aí o trabalho do coach. A função desse profissional é ajudar o atleta que, desenvolvendo o autoconhecimento, terá o domínio de suas emoções, estará mais centrado, elevará sua capacidade de desempenho ao máximo e empregará todo o seu potencial, obtendo assim melhores resultados e sucesso na carreira.

Coaching esportivo

O coaching esportivo foi desenhado com o propósito de acelerar os resultados dos esportistas, por meio de uma análise do ponto onde ele está agora e do ponto aonde ele quer chegar, tendo como pilares o ser humano (interação do corpo e mente), a metodologia, as técnicas e as ferramentas (as competências).

Essa metodologia é essencial para que equipes e atletas de alto nível e aqueles que querem chegar a esse ponto possam aumentar seu rendimento nas competições, alcançando novos e melhores resultados.

O número de esportistas brasileiros buscando essa ajuda vem crescendo, e o principal motivo do sucesso desse trabalho no esporte é a significativa melhoria no desempenho do atleta.

O processo de coaching trabalha:

- Identificação de valores pessoais;
- Fatores de motivação;
- Expectativas;
- Competitividade;
- Gerenciamento de emoções (ansiedade, conflitos, medos, insegurança...);
- Determinação, comprometimento;
- Pontos fortes e pontos de melhorias;
- Crenças e tudo o que for considerado relevante na busca do melhor desempenho do atleta a partir da sua perspectiva;
- Foco, metas e objetivos.

A profissionalização do esporte é assunto cada vez mais frequente, e o coaching se apresenta como um grande facilitador na promoção positiva dessa transição no universo esportivo brasileiro.

Como funciona o processo de coaching

Ao contratar um processo de coaching, o cliente define junto ao coach o seu objetivo para esse processo, ou seja, o estado desejado. Importante, nessa contratação, é ficar claro o que efetivamente precisará acontecer com o cliente, na prática, para o entendimento das partes em que o processo foi concluído com êxito e alcançou o estado desejado, independentemente da quantidade de encontros realizados.

Durante os primeiros encontros do processo, com a utilização de técnicas e ferramentas do coaching, é identificado o estado atual do cliente, através das suas forças e fraquezas e também com base em suas competências técnicas e emocionais.

Em seguida, definem-se as metas pelo cliente para o alcance do estado desejado. O coach esportivo atua como um "olho externo" para o desenvolvimento do seu cliente, apoiando-o em seu autoconhecimento por meio de um ângulo novo de visão. Então, o cliente é apoiado e elabora um plano de ação com tarefas a serem realizadas para atingir as metas e seu estado desejado.

Nos encontros de coaching, os clientes ficarão conscientes do seu poder, dos seus talentos, dos seus pontos fortes e das suas fragilidades, e todo o processo com os encontros poderão acelerar seus resultados, aumentando o seu desempenho e potencializando seus talentos.

Um processo de coaching acontece geralmente com dez encontros, de aproximadamente uma hora e meia, entre o coach e coachee (cliente), através de diálogo e utilização de ferramentas, técnicas e metodologias.

Papel do coach esportivo

O coach esportivo poderá apoiar e ajudar o atleta a se tornar o consultor interno da sua mente, assegurando que ele possa dar o melhor de si, aprender e desenvolver-se da maneira que deseja, e também:

• Ajudar na identificação e uso das próprias competências desenvolvidas, bem como do reconhecimento e superação de suas fragilidades;

• Orientar para as mudanças que precisam ser feitas e para a necessidade de "foco total", visando ao alcance dos seus objetivos e sonhos;

• Ajudar a conquistar aprendizado, a desenvolver novas habilidades e a melhorar seu desempenho e qualidade de vida;

• Possibilitar uma mudança comportamental por meio de um novo modelo mental (crenças, valores, representações internas, padrões de pensamentos e fisiologia);

• Ajudar a melhorar qualquer resultado com o seu desenvolvimento pessoal e profissional

• Apoiar e motivar na realização de metas de curto, médio e longo prazo;

• Desenvolver a inteligência emocional (conhecer os sentimentos e emoções para evitar reações emocionais e comportamentos inadequados).

Logo, o papel do coach esportivo é inspirar, orientar, e motivar os atletas rumo aos seus sonhos e objetivos, através do autoconhecimento para o desenvolvimento das suas habilidades, da mudança comportamental para maior foco e melhores resultados, bem como do controle emocional para vencer todas as adversidades e obstáculos da carreira.

Dessa forma, ele apoia o atleta em todos os níveis da sua vida para mudar da maneira que deseja, ir na direção que pretende, tornar-se quem quer ser e, também, ser o melhor que pode.

O coach esportivo e o treinador de futebol

Uma pergunta que fica: o trabalho de um coach esportivo não bate de frente com o de um treinador? Não, o trabalho é complementar, um apoio para o treinador.

O coach faz perguntas poderosas com o objetivo de despertar o potencial criativo de cada atleta, em todos os sentidos, e o treinador treina. O coach promove reflexão, o treinador fornece informações e orientação.

O processo de coaching se constrói sobre aspectos físicos, sociais, cognitivos, afetivos. O treinamento se desenvolve sobre aspectos fisiológicos, musculares, cardiovasculares, táticos, mentais.

A tentativa é fazer um paralelo entre esses aspectos de cada atleta, ou seja, buscar o equilíbrio entre a mente e o corpo deste para favorecer a prática esportiva.

2

BENEFÍCIOS DO COACHING ESPORTIVO PARA O FUTEBOL

Por que preciso de um coach?

O coaching utiliza uma metodologia de apoio ao autodesenvolvimento, dando ao atleta oportunidade para reflexão sobre pontos fundamentais a partir das perguntas seguintes:

• Qual é a sua visão de vida, ou seja, aonde você quer chegar? Qual o seu maior objetivo? O que você quer ser?
• Sonhou, e agora? Qual a sua Missão? Como você vai chegar lá? O que você vai fazer?
• Quem é você no ambiente e contexto onde vive e atua?
• Lembrando que as metas são os passos para se chegar a um objetivo, você consegue identificá-las?
• Que ações você irá realizar para alcançar as suas metas e seu objetivo maior?
• Por que você encontra motivação e se permite realizar seus sonhos? Quais são os valores que o norteiam nessa busca e realização?

- Como é seu comportamento nesses ambientes e contextos? São os melhores comportamentos para um verdadeiro atleta?
- Que habilidades são manifestadas nesses seus comportamentos?
- Você consegue identificar os seus pontos fortes para potencializá-los? E quanto aos seus pontos fracos?
- Você está dando o máximo de si nos treinamentos e competições? Caso não, por que está se poupando ou dosando energias?
- Você vai abrir mão das horas de diversão e lazer (festas, convívio em família, namoro) para se tornar um grande jogador de futebol?
- Você acredita que valerão a pena todos esses sacrifícios pela carreira de atleta?
- Por que você quer ser um jogador de futebol profissional?
- Você está preparado para seguir em frente em outra profissão caso não se torne um jogador de futebol profissional?
- Em relação à sua carreira, como se manter extremamente focado no presente e, ao mesmo tempo, desenvolver valor agregado para uma visão de futuro na carreira?
- Se você tivesse certeza de que não vai falhar, o que faria de diferente de hoje? Como você gostaria que fosse a sua atuação profissional se tivesse certeza de que nunca falharia?
- Por que continuar sendo o mesmo atleta de sempre, se pode ser um atleta muito melhor?
- Qual é o legado que você quer deixar nos grupos aos quais pertence e onde realiza sua missão de vida, de forma a contribuir para um mundo melhor?

Se você, atleta, não conseguiu encontrar respostas para todas essas perguntas, é sinal de que necessita de apoio e ajuda de um coach esportivo. Ele poderá ajudá-lo e apoiá-lo com orientações rumo ao seu sucesso no mundo da bola.

Sendo assim, você vai adquirir muito conhecimento acerca do futebol, das dificuldades dessa carreira, e também conhecimento para potencializar as habilidades que já possui e para desenvolver outras.

O sucesso é o resultado da competência, e esta é o somatório de conhecimento (saber), habilidade (saber fazer) e atitude (querer fazer). Esse sucesso não existirá somente com o conhecimento e a habilidade do atleta. É necessário ação. Assim, tendo boas atitudes (intenções positivas), querendo fazer as coisas certas, adotará somente comportamentos (ações) dignos de um atleta de sucesso.

Para que serve o coaching esportivo

Passar por um processo de coaching esportivo é aprender a sair do comodismo, da zona de conforto. Tal processo proporciona ao atleta mais satisfação pessoal e profissional, mais realização, a superação de obstáculos, o aumento do desempenho e da qualidade de vida, o equilíbrio interno e o entendimento do que é o diálogo interno e de como utilizá-lo a seu favor, superando suas marcas e resultados.

Logo, a essência do coaching é ajudar as pessoas a mudar suas vidas, direcionando seu foco e energia para aquilo que desejam, seus sonhos, suas metas e objetivos.

Se pudéssemos resumir em apenas uma palavra todos os benefícios e vantagens do coaching, a palavra seria resultados.

Outros benefícios do coaching esportivo

Além de melhoria na qualidade de vida para atletas e equipes, encontramos outros benefícios com o coaching:

• Aumento do desempenho, com maiores conquistas, felicidade e plenitude;

- Desenvolvimento das competências técnicas e comportamentais dos profissionais;
- Aprendizado e melhoria contínua;
- Melhoria no foco e no planejamento da vida pessoal e profissional;
- Desenvolvimento de carreira e pós-carreira, com sustentabilidade;
- Controle de estados emocionais poderosos (superação do medo, da ansiedade, da falta de concentração);
- Aumento do equilíbrio, da autopercepção, do autoconhecimento, da motivação, da disciplina, da autoestima, da disposição, da energia e da saúde;
- Melhora no relacionamento interpessoal e na comunicação;
- Desenvolvimento das habilidades de liderança com as competências de coach (relação de confiança);
- Comprometimento de atletas, equipes e profissionais em geral, pelo seu empoderamento;
- Construção de equipes de alto desempenho.

Coaching... talento, dom, potencial e sorte

O sucesso de um jogador de futebol pode depender de uma combinação específica dos elementos talento (dom), potencial (despertar por completo) e desempenho, além, é claro, de uma boa dose de sorte.

Como talento, entendemos o dom – o jeito certo de jogar, que é só dessa pessoa. Uma habilidade que nasceu junto com o atleta.

O potencial é aquela energia inerente ao atleta e que contém toda a jornada que será trilhada no desenvolvimento profissional, tornando-o um atleta de sucesso. O potencial de uma pessoa é infinito e, em se tratando de um atleta do futebol, o ápice acontece por volta dos 25 anos. Resumindo, o potencial do atleta são as competências para serem desenvolvidas.

E, por fim, a sorte. Dizem que sorte está relacionada com oportunidade. Temos sorte quando o preparo, consciente ou inconsciente, encontra-se com a oportunidade. Às vezes temos sorte, porém estamos despreparados, e a oportunidade vai embora... é perdida.

Como o coaching é um processo de aceleração de resultados, o dom, o potencial e as oportunidades são explorados e aproveitados ao máximo. Isso acontece porque o coach empresta suas habilidades, competências e experiências por meio de uma parceria sinérgica, colocando o foco no objetivo a ser alcançado.

Portanto, cuidar dos talentos exige capacidade de identificá-los e utilizá-los no limite para o melhor desempenho.

Depoimento de Carlos Alberto Parreira sobre coaching esportivo

Para tornar-se coach, é fundamental conhecer e entender o processo de coaching. Um coach esportivo é um guia, um treinador, um professor, um mentor em busca do resultado. Ser um *expert* ou ter sido atleta de futebol é irrelevante dentro do processo de coaching.

Um exemplo é Carlos Alberto Parreira, um dos maiores treinadores (coaches) do mundo, que nunca foi jogador de futebol e, no entanto, sabe muito bem como inspirar, orientar e motivar os jogadores. Ele também entende de táticas esportivas e tem outras habilidades e competências que o diferenciam nesse mundo esportivo. "Como sou do tipo Woody Allen, daqueles 'viciados' em terapia, resolvi estudar coaching. O coaching desenvolve atletas e times para um alto desempenho na sua modalidade" Carlos Alberto Parreira.

Parreira entende que o coaching é uma metodologia que se propõe a contribuir com as pessoas que querem mudar algo em sua vida a partir delas mesmas. Essa mudança acontece por meio do autoconhecimento, que as leva a encontrar o melhor de si, e com muito comprometimento assumem a responsabilidade e a liderança nesse processo de mudança. Os melhores resultados geram impacto na vida como um todo, mesmo quando o objetivo é apenas pessoal, ou profissional, porque o foco é sempre colocado no que é positivo.

"Os clubes e empresários ligados ao futebol deveriam pensar em contratar coaches". Ele acredita que coaches apoiam os técnicos no direcionamento das próprias carreiras e contribuem na melhoria da performance na direção dos times, entre outras possibilidades.

3

EXEMPLO DE PROCESSO DE COACHING – CATEGORIAS DE BASE BUSCAM A EXCELÊNCIA NA FORMAÇÃO DE ATLETAS DE FUTEBOL

Contratação do processo de coaching – Simulação

Um processo de coaching foi contratado pelo coordenador das categorias de base de um determinado clube de futebol, e o objetivo da contratação, que denominamos em **coaching de estado desejado**, é criar uma "nova gestão para as categorias de base" do referido clube.

O que efetivamente e na prática precisará acontecer para esse coordenador encontrar a satisfação com essa contratação? Sua resposta foi: "Promover anualmente dois atletas para o departamento profissional".

A renovação do nosso futebol deve começar pelas categorias de base, e uma das iniciativas a serem tomadas nesse sentido é a contratação de profissionais que possam contribuir para a mudança de postura e visão de gestores, coordenadores e, principalmente, dos atletas. Vale lembrar que o coaching é o processo mais eficaz de desenvolvimento pessoal e profissional do cliente.

Entra aqui a figura do coach esportivo, um profissional para apoiar e estabelecer estratégias individuais, passo importantíssimo para se trabalhar o indivíduo utilizando técnicas e ferramentas para auxílio de cada parte envolvida.

O verdadeiro papel desse profissional é desenvolver em cada indivíduo as suas potencialidades, é reeducar o cidadão para a vida, ou seja, ensinar, por meio de ferramentas e técnicas, a fazer uma autoanálise para identificar pontos negativos e positivos e, ainda, estabelecer metas para alcançar objetivos.

Para que o leitor compreenda melhor essa metodologia, seguem algumas ferramentas e ações que serão utilizadas nessa simulação de processo de coaching.

Execução do processo de coaching:

1. Definição das etapas de trabalho

São etapas de trabalho definidas pelo coach:

• Apresentação da metodologia, conceitos e benefícios do coaching a todos os profissionais do clube;

• Divulgação do estado desejado do clube, objeto da contratação do processo de coaching;

• Apresentação de palestras com a filosofia do coaching;

• Início da implantação da cultura de coaching no clube;

• Aplicação de questionário para ser respondido pelos atletas;

• Identificação dos profissionais e atletas que serão submetidos a processos individuais de coaching;

• Acompanhamento do coach esportivo a treinamentos, concentrações e competições, visando à identificação do estado atual do clube;

• Aplicação das ferramentas do coaching e realização de entrevistas com alguns profissionais para avaliação e identificação do estado atual;

- Elaboração das ações e metas para se alcançar o estado desejado;
- Realização de treinamentos para líderes e atletas com a filosofia do coaching;
- Apresentação do processo de coaching aos pais e empresários dos atletas, após análise dos dados obtidos com a entrevista;
- Elaboração de planos de ação;
- Realização das tarefas necessárias e identificadas nos planos de ação;
- Avaliação dos resultados e realização dos ajustes e adequações ao trabalho programado (PDCA).

2. Estado desejado pelo coordenador das categorias de base do clube

"Nova gestão para melhores resultados nas categorias de base do clube".

3. Identificando o estado atual das categorias de base do clube

Nos primeiros encontros do processo junto aos responsáveis pelo clube e aos atletas, aplicamos as ferramentas de coaching e as ações seguintes para identificação do estado atual desse departamento de base do clube e do futebol brasileiro:

- *Brainstorming* para geração de ideias das fraquezas ou pontos de melhorias para as categorias de base do clube;
- Análise SWOT, considerando o ambiente interno e o ambiente externo, identificando os pontos fortes, as fraquezas, oportunidades e ameaças das categorias de base do clube;
- Avaliação dos resultados da gestão nas categorias de base do clube;

• Análise dos indicadores de desempenho utilizados pelo clube;

• Identificação do número de atletas das categorias de base promovidos ao nível profissional do clube nos últimos anos.

3.1 Brainstorming e análise SWOT – categorias de base do futebol brasileiro

Fraquezas do futebol brasileiro:

• Estrutura precária para a formação de atletas nas categorias de base dos clubes brasileiros;
• Escassez de atletas geniais no futebol brasileiro;
• Falta de renovação de treinadores no futebol brasileiro;
• Endividamento dos clubes brasileiros;
• Falta de qualificação e especialização dos profissionais que dirigem o futebol (má gestão dos clubes de futebol).

Fraquezas das categorias de base:

• Falta de campos para os treinamentos;
• Além do coach esportivo, falta na estrutura das categorias de base dos clubes também as figuras do médico e do psicólogo esportivo, assistente social e nutricionista;
• Precariedade dos alojamentos para moradia dos garotos;
• Pouco apoio do treinador da equipe profissional do clube ao trabalho realizado nas categorias de base;
• Desorganização das peneiradas (critérios utilizados pelos olheiros para a seleção dos atletas, tempo do teste, condições dos campos etc.);
• Mau comportamento dos atletas;
• Descontrole emocional dos atletas nas competições (insegurança, medo, baixa autoconfiança, ansiedade, concentração);

- Despreparo dos treinadores para a formação de atletas (ex-atletas do clube);
- Atraso dos salários dos profissionais dos clubes;
- Promessas não cumpridas dos falsos empresários de atletas;
- Grande incidência de lesões dos atletas.

Outros pontos relevantes desses jovens atletas do futebol:

- Saem de casa cedo e vão morar nos alojamentos dos clubes;
- Abandonam os estudos precocemente;
- Dedicam-se integralmente ao futebol;
- Estão sujeitos à pressão pela própria profissão: ser titular nas categorias de base e alcançar promoção ao profissional;
- Submetem-se a uma vida instável: um dia são heróis, outro são bandidos (esporte ingrato);
- São tratados como produto para negociações;
- Estão sujeitos ao racismo e ao preconceito;
- Encerram a carreira com idade entre 36 e 38 anos, enquanto um trabalhador comum realiza suas atividades até, em média, os 60 anos.

Além de tudo isso, há o perfil que nossa cultura vende do jogador: pouco estudados (burros), mulherengos, alcoólatras, farristas, boleiros, vida fácil.

Pontos fortes do futebol brasileiro:
- Quantidade de jovens atletas para o futebol;
- Talento dos atletas brasileiros;
- Motivação dos garotos pelo esporte;
- Amor pela profissão;
- Espaço para a prática do esporte.

Ameaças:

• Problemas sociais e econômicos do país (ver capítulo 5);
• Precariedade dos alojamentos dos clubes levando garotos talentosos a desistir da carreira;
• Falta de orientação psicológica ou de coaching induzindo garotos talentosos a desistir da carreira;
• Queda do futebol brasileiro no ranking mundial;
• Perda de receita para os clubes com a má formação de talentos;
• Aumento na exportação de atletas brasileiros, ainda jovens e sem geração de receita para os clubes brasileiros;
• Falência financeira de milhares de ex-atletas, muitos dos quais associados às Agap pelo Brasil;
• Perda de receita dos clubes na renda dos jogos devido ao alto número de lesões e outras formas de indisciplina;
• Perda de talentos pelas peneiradas no país, já que os olheiros ou observadores técnicos são orientados erroneamente para e escolha.

Oportunidades:

• Olimpíadas no Brasil em 2016;
• Intercâmbios internacionais;
• Negociações internacionais de atletas.

3.2 Estado atual das categorias de base dos clubes e do futebol brasileiro

• Revelam poucos atletas às equipes profissionais;
• Falta estrutura e gestão para a captação e formação de novos atletas;

Todas as situações identificadas nesta Análise SWOT das categorias de base dos clubes e do futebol brasileiro explicam e confirmam o atual cenário do esporte:

• Péssima participação na Copa do Mundo 2014, com a Seleção Brasileira eliminada de forma humilhante pela Alemanha;
• Muitos dos clubes brasileiros não possuem as categorias de base;
• Questões socioeconômicas relacionadas ao futebol brasileiro – ver capítulo 5.

4. Metas para alcançar o estado desejado

• Formatar e utilizar gestões de futebol nos clubes brasileiros e em suas categorias de base, nos moldes utilizados com sucesso pelos países europeus;
• Estruturar o departamento das categorias de base dos clubes brasileiros para captação e formação de jovens atletas talentosos;
• Implantar a cultura de coaching nos clubes brasileiros;
• Promover uma mudança comportamental nos profissionais do futebol.

5. Plano de Ação – Tarefas visando ao estado desejado

• Formar novos treinadores de futebol (renovação);
• Especializar os treinadores de futebol ex-atletas para a formação de jovens atletas nas categorias de base dos clubes;
• Regularizar a situação dos empresários dos atletas;
• Organizar as peneiradas para a captação de talentos da bola pelo país;
• Dar suporte aos jovens atletas para que conciliem os estudos com a rotina de treinamentos e competições;

• Ajustar o calendário anual de competições do futebol brasileiro.

6. Benefícios do processo de coaching

Para os atletas:
• Desenvolvimento de comportamentos adequados para a carreira;
• Potencialização de habilidades;
• Superação de fragilidades;
• Desenvolvimento de competências emocionais visando à superação dos obstáculos da carreira;
• Alinhamento de metas e objetivos, com foco no sucesso.

Para o clube:
• Gestão mais eficaz e eficiente;
• Promoção ao time profissional de maior número de talentos formados nas categorias de base.

7. Conclusões

Espero ter elucidado um pouco o significado, a essência do que é um trabalho de coaching. As ações idealizadas até aqui são apenas a ponta de um *iceberg*; precisamos fazer muito mais. É fundamental uma nova tomada de consciência. Precisamos envolver setores diversos da sociedade, levar o coaching não somente para as categorias de base, mas também para as escolas da rede pública, buscando a participação de órgãos públicos, instituições privadas, entre outros.

O trabalho é desafiador, instigante, difícil, mas não impossível. Acredito nas possibilidades e potencialidades. Tanto as ideias quanto os sonhos existem para serem colocados em prática, e a nossa evolução enquanto seres humanos só foi possível até hoje por causa disso.

Acredito ainda que o valor e o sucesso de um jogador de futebol podem depender de uma combinação específica dos elementos talento e dom (Deus te deu), potencial (despertar por completo com o coaching) e desempenho (aumentar com o coaching), além, é claro, de uma boa dose de sorte.

Portanto, caros amigos leitores, mãos à obra. Vamos acreditar e fazer acontecer! A hora é agora.

4

EXEMPLO DE PROCESSO DE COACHING: JOVEM DESEJA TORNAR-SE ATLETA PROFISSIONAL DE FUTEBOL

Neste capítulo, vou procurar mostrar alguns trabalhos que podem ser utilizados em treinamentos, competições e concentrações para que atletas e demais profissionais consigam desenvolver o autoconhecimento e, com isso, despertar seu poder criativo, potencializando suas ações e competências e permitindo o desenvolvimento da capacidade de superação de obstáculos com mais equilíbrio e discernimento.

Dessa forma, uma das atividades desenvolvidas pelo coaching e pela Psicologia Esportiva é a estratégia de superação de tais interferências e obstáculos. Claro que essas atividades devem ser desenvolvidas em conjunto, de forma conectada com outras áreas do conhecimento, no intuito de buscar soluções mais eficientes.

O trabalho em si tem como objetivo maior diminuir ao máximo as interferências externas vividas pelos atletas, situações que envolvem vários fatores, que precisam ser trabalhados detalhadamente. Nesse sentido, o aspecto, as características dos atletas, suas deficiências e capacidades têm que ser muito bem estudadas, para que possam ser confrontadas com os aspectos que interferem e podem provocar mudanças significativas no comportamento e na vida de cada atleta.

Para ilustrar, cito algumas dessas interferências: saudades da família, pressão psicológica para obter o sucesso rápido, contusões inesperadas, problemas emocionais, alimentação inadequada causando problemas nutricionais graves, falta de acompanhamento médico, incapacidade física para executar algumas atividades, (lembrando aqui que cada atleta tem o seu limite e que isso precisa ser trabalhado), problemas sociais diversos que interferem na capacidade de interação do atleta com os outros companheiros, instalações precárias nos alojamentos, entre outros.

Somente para reforçar, o trabalho com o jogador em formação precisa ser levado mais a sério, pois estamos lidando com pessoas, seres humanos, indivíduos que depositaram a vida em um único sonho: ser jogador profissional. Temos que parar de olhar o mundo por cima, como se não pertencêssemos a ele. Precisamos urgentemente de fazer parte dele, interagir com ele, olhar o outro com mais profundidade e respeito, com mais amor. Não é possível desenvolver um trabalho se não tivermos consciência disso. Vamos arregaçar as mangas, fazer da nossa cidade, do nosso trabalho um lugar especial, de conquistas, de esperanças e de certezas.

Contratação do processo de coaching

Este processo de coaching foi contratado pelo pai de um jovem atleta da categoria de base de um clube, visando a orientar o filho na trajetória rumo ao sucesso no mundo da bola.

Assim, foi iniciado o processo com a identificação do estado desejado e do estado atual do atleta, com vistas à identificação das ações a serem realizadas pelo atleta para o cumprimento das suas metas (passos para alcançar seu objetivo).

Vale lembrar que o estado desejado é o objeto de contrato firmado entre o profissional de coaching/coach e o cliente/coachee:

Execução do processo de coaching: simulado

1. Estado desejado do atleta:

Tornar-se atleta profissional de futebol

2. Estado atual do jovem atleta:

O estado atual do atleta foi identificado nos primeiros encontros, por meio das ferramentas Autoconhecimento, *Autofeedback* (Análise SWOT), Missão e Visão, Crenças e Valores.

Então seu estado atual pode ser assim descrito:

- Tem 15 anos e atua pelo infantil do clube;
- Acredita 100% que será um atleta profissional;
- Abandonou os estudos;
- Mora no alojamento do clube;
- Acredita muito em seu potencial como atleta;
- Não possui um plano B profissional, caso não atinja o sucesso no futebol;
- É de família simples, por isso o grande desejo de vencer na carreira: para ajudá-la;
- Tem consciência das dificuldades para o sucesso na carreira de atleta profissional;
- Apresenta necessidade de melhores comportamentos.

3. Identificando novos objetivos do atleta:

Como o atleta deverá ser promovido ao profissional do clube dentro de alguns anos, resolvemos identificar alguns objetivos de curto e médio prazo até alcançarmos seu estado desejado.

Ficaram assim as novas etapas do processo de coaching:

• Objetivo 1: o atleta atuar pelo juvenil do clube por dois anos;

• Objetivo 2: o atleta ser promovido à categoria júnior e atuar por três anos;

• Objetivo 3 (estado desejado): o atleta ser promovido ao profissional do clube ou ter a oportunidade de atuar por outro grande clube de futebol brasileiro.

4. Identificando metas para o atleta:

A partir desse estágio, iniciamos uma nova fase: ajudar e apoiar o atleta na identificação de todas as ações necessárias e das metas a realizar para alcançar cada objetivo traçado.

É sabido que ter metas é essencial para qualquer atleta que deseje alcançar algum resultado, e também constitui os passos para alcançar objetivos.

A seguir, algumas metas identificadas pelo atleta como necessárias para o sucesso na carreira:

• Aceitar o profissional coach para apoio e ajuda rumo ao sucesso;

• Buscar e agarrar as oportunidades para a carreira;

• Ter atitudes e comportamentos assertivos;

• Buscar o equilíbrio entre a mente e o corpo através de um novo modelo mental (orientações do coach);

• Ter um bom empresário.

5. Plano de ações para o atleta:

• Elaborar o seu plano estratégico para uma carreira com mais foco: Visão, Missão, Metas e Objetivos, Valores e Análise SWOT;

• Desenvolver o potencial (as competências e fundamentos técnicos) identificado como fraqueza na Análise SWOT;

- Potencializar os pontos fortes identificados na Análise SWOT;
- Dedicar-se bastante aos treinamentos e competições;
- Desenvolver a inteligência emocional;
- Modelar-se em algum atleta e ídolo do futebol;
- Adotar somente comportamentos dignos de atletas de sucesso, dentro e fora dos gramados;
- Ter sempre muita humildade;
- Ter cuidado e saber distinguir amigos e falsos amigos;
- Saber escutar e aceitar as orientações e críticas dos treinadores;
- Saber tomar as decisões mais assertivas na carreira;
- Identificar crenças limitantes e substituí-las por crenças fortalecedoras;
- Buscar os aprendizados com os erros;
- Não ingerir bebida alcoólica e não usar qualquer tipo de drogas; descansar e alimentar-se bem;
- Respeitar colegas e adversários;
- Ser persistente, entendendo as dificuldades da trajetória nessa carreira;
- Avaliar constantemente se as ações tomadas o estão conduzindo ao objetivo ou o desviando dele;

5

OS DOIS LADOS DA MOEDA
FUTEBOL

No Brasil, o futebol se tornou um grande patrimônio cultural e, até recentemente, era praticado pela criançada como diversão. Eles se deliciavam com a disputa, as brincadeiras, as possibilidades dos dribles, que provocavam risadas, gozações, nada mais. As peladas aconteciam em campos de várzea, campinhos de terra ou até mesmo nas portas das casas: bastava fechar a rua e improvisar as traves para começar o jogo. Ali se formava um palco, onde os meninos tinham o papel principal e objetivo de se destacar para chamar a atenção das garotas que sempre assistiam. Eram sonhos, brincadeiras, momentos únicos; o prazer de conviver com as outras pessoas e o gosto de correr atrás da bola driblando os colegas era a razão maior da brincadeira.

Com o passar dos anos, todo esse romantismo acabou. A massificação dos meios de comunicação provocou uma mudança comportamental nesses garotos, ou seja, com a mercantilização do futebol, esses jovens passaram a ter um olhar diferente dessa realidade, com nova visão.

Para muitos, o futebol passou a ser visto como meio de sobrevivência, um caminho a ser seguido, em que tudo é possível conseguir: sucesso, fama, status, dinheiro e sexo.

É importante ressaltar ainda que a grande mídia – revistas, televisão, rádio, jornais – exerce um controle social absurdo e uma verdadeira manipulação dessas massas, o que legitima a comercialização e venda desse produto chamado futebol.

A mudança foi imediata em todos os sentidos, e resultou em um verdadeiro efeito dominó. Os pais passaram a ser influenciados por essa grande mídia, depositando nos filhos a esperança de se tornarem jogadores profissionais e, dessa forma, resolverem os problemas financeiros da família. O mais grave disso tudo é que eles veem os filhos como uma oportunidade de negócio, mercadorias que poderão ser comercializadas em um futuro próximo.

Nesse sentido, é necessário que façamos uma reflexão sobre a realidade em que se encontra o nosso futebol. Precisamos mudar a sua estrutura, a nossa própria estrutura subjetiva, mudar a nossa forma de pensar, de ver a realidade. Precisamos mudar não somente o nosso conceito de futebol, mas também o que temos da nossa própria vida. O trabalho precisa ser mais minucioso, mais aprofundado, as famílias desses jovens precisam ser envolvidas nesse contexto e os profissionais da área precisam de mais qualificação.

A conscientização é urgente: esses jovens necessitam de um novo olhar, uma nova maneira de ver o mundo, um entendimento de que a vida não é feita somente de sonhos. Há decepções, desacertos, obstáculos superados, tristezas e alegrias. Tudo isso faz parte da nossa existência.

O outro lado da moeda futebol
"Sabemos que nem tudo são flores no futebol."

Com essa mercantilização** do futebol, as relações com os atletas passaram a ser de negócios; a possibilidade de fama, dinheiro e status despertou o sonho e o desejo de milhares de adolescentes de conquistar sua independência financeira por meio do futebol.

A grande mídia tem importante papel nessa realidade construída, pois ajuda, através dos telejornais, a criar um mundo de fantasia, de ilusão, onde tudo é possível e os sonhos podem se tornar realidade num piscar de olhos. O mais sério disso tudo é que os milhares de jovens iludidos com tal possibilidade partem para essa aventura sem saber onde e como vai terminar. Muitos saem de casa, abandonam a família para tentar a sorte nos grandes centros. Conseguem um lugar ao sol quando são aprovados na "peneirada" e, em seguida, são colocados em alojamentos, quase sempre sem estrutura. Vivem em geral em péssimas condições, e o mais grave disso tudo: vivem longe da família e sem orientação profissional e educacional para caso não consigam ingressar na carreira de jogadores profissionais.

O interessante é que sabemos que as famílias deveriam ser o alicerce, a base na formação desses adolescentes, mas estas são quase sempre totalmente desestruturadas, sem amor, com problemas diversos de criminalidade, abuso sexual e alcoolismo. Para muitos, essa aventura se transformou na única possibilidade de conseguir um lugar ao sol.

Portanto, precisamos mostrar essa dura realidade para os nossos jovens, mostrar que nem tudo são sonhos, flores, que existe o outro lado da moeda futebol, bem injusta e perversa.

É preciso que seja feita uma força-tarefa para que clubes, escolinhas de futebol e escolas possam assumir a responsabilidade dessa mudança, lançar sobre essa situação um olhar mais humano, criar formas alternativas de se trabalhar com esses jovens com ações conjuntas de trabalhos educacionais multidisciplinares. O envolvimento e responsabilidade devem ser de todos. Hoje não podemos olhar o futebol isoladamente, temos que entender que estamos inseridos dentro de um contexto socioeconômico que precisa ser encarado, que as frustrações e os insucessos dessas famílias e jovens têm que ser substituídas pela esperança, pela segurança e pelo verdadeiro sonho de se tornar no mínimo sujeito da sua própria história.

Então, acreditamos que, quando esse lado triste, obscuro e cruel do futebol for de conhecimento dos jovens, a escolha será feita de maneira consciente. A dedicação ao esporte será conciliada com os estudos e com a preparação para outra opção de carreira profissional. E ninguém precisará sofrer com a desilusão e a sensação de ter acabado com a vida sem ter um futuro profissional definido.

**Fazer com que seja comercializado; transformar (alguma coisa) em mercadoria.

Alguns dados da situação dos atletas brasileiros

Número total de jogadores registrados no país		31.000
Número de jogadores que recebem até 2 salários mínimos (muitos jogando de graça)	82%	25.420
Jogadores bem-sucedidos ou que recebem até 20 salários mínimos	2%	620

Fonte: Word Bank Group.

O atleta precisa ter uma visão geral, visualizar algumas pesquisas para ter conhecimento de que o caminho a ser seguido rumo ao futebol profissional não será fácil. As dificuldades e os obstáculos a serem superados são muitos: a estrutura precária do nosso futebol, as lesões, os baixos salários, a falta de organização de uma maneira geral, de profissionalismo nos clubes e de comprometimento do Estado, a ganância da maioria dos empresários, as promessas não cumpridas, a má administração dos clubes, entre outros fatores, resultam no fracasso de milhares de jogadores que sonham ser profissionais um dia.

Dificuldades dos atletas na trajetória do futebol

Até aqui, tentamos nos situar em relação à real situação em que se encontra o jogador de futebol com suas diversas fases e faces no âmbito do mundo da bola, onde os sonhos se tornam pesadelos, as realizações são substituídas pelas frustrações, onde o caminho de esperança se tornou uma realidade triste, para não dizer um caso caótico. O sonho de ser um jogador consagrado é interrompido pela ganância, pela perversidade de alguns, que fazem desse esporte apenas um meio de se ganhar dinheiro fácil.

Mostraremos a seguir a difícil trajetória que começa no momento em que o atleta coloca os pés na rua em busca desse sonho que, infelizmente, só se torna realidade para poucos.

Abandono da família e da escola

Pequena história de Dante, zagueiro da Seleção Brasileira:

> [...] Dante desde pequeno tinha o tio Jonilson como ídolo porque ele jogava no Galícia, modesto time de Salvador. Quando ficou maior, Dante iniciou a carreira no mesmo clube. Mas foi atropelado a caminho de um treino e, sem receber apoio da equipe, teve que procurar hospital e fisioterapia por conta própria e acabou abandonando o time.

> Ninguém nunca deu um telefonema pra ele – lembra Jonilson.

> De lá, foi bater em várias portas. Levou muitos "nãos". Até que, enfim, surgiu uma chance no pequeno Matsubara, no norte do Paraná. No entanto, como não tinha dinheiro para viajar, vendeu seu videogame e, sem apoio dos pais, foi para lá. A partir daí, a sua carreira começou a crescer. (globoesporte.com)

Esse relato é apenas uma das diversas histórias de milhares de jovens que se aventuram no mundo da bola, onde poucos conseguem ter sucesso. A maioria fica à mercê da própria sorte, como no caso acima. Mas e os outros que não tiveram sorte, o que é feito deles? Onde terminaram? Outra pergunta: de quem é a responsabilidade? Do estado, das famílias ou dos clubes?

O problema é muito sério e, estamos falando de garotos que abandonam a família e a escola em busca de um sonho: se tornar jogador de futebol. Infelizmente, a maioria deles tem esse sonho frustrado, deparam-se com a triste realidade e precisam recomeçar a vida de alguma forma, muitas vezes da forma mais triste possível, em subempregos, no mundo da criminalidade e das drogas.

O efeito desse precoce abandono da família? Jovens sem nenhum apoio!

Essa triste realidade poderia ser amenizada se as famílias cumprissem seu papel de orientar e educar, se os clubes tivessem um apoio pedagógico social e psicológico, se o Estado criasse projetos de governo com incentivos fiscais para a formação desses atletas através de suas secretarias (Educação, Esporte e Lazer, Planejamento, Desenvolvimento Social, entre outras), envolvendo todos os interessados que pudessem contribuir para uma mudança efetiva e real desse quadro em que se encontra o nosso futebol.

Existem alguns clubes que trabalham nessa direção, mas ainda está muito aquém da nossa realidade. Estes cobram desempenho escolar, dão orientação financeira, apoio psicológico, mas mesmo assim ainda é insuficiente. Não existe nesses clubes um planejamento, um trabalho mais consistente voltado para a área social, uma análise individual mais profunda para conhecer a realidade de cada jogador, suas histórias de vida.

É aqui que entra o trabalho do coaching esportivo, na tentativa de fazer desse atleta o sujeito de suas próprias ações, um cidadão que tenha a capacidade de escolher o seu próprio destino.

O maior objetivo do coaching é fazer com que eles tenham mais discernimento, possam traçar um caminho com mais segurança, estabelecendo estratégias individuais com ações pensadas, metas que possam ser alcançadas, concentração e foco no objetivo a que se quer chegar.

Nesse sentido, é urgente repensar essa realidade. Faz-se necessária uma mudança de mentalidade de todos os envolvidos, gestores, jogadores, pais, presidentes, treinadores, coordenadores, entre outros. É importante que se faça uma reflexão: se eu, atleta da categoria de base, não conseguir realizar o sonho de me tornar um jogador profissional, estarei preparado para encontrar outras oportunidade de carreira profissional e fazer boas escolhas? Será que estou exercendo com profissionalismo o cargo de gestor a mim confiado? Estou atualizando e me reciclando como profissional? Como presidente de um clube, tenho uma visão geral da realidade vivida pelos meus atletas? Como coordenador, será que realmente conheço todos os meus jogadores, a sua realidade?

Espero sinceramente que todos reflitam e comecem a agir de uma maneira diferente, antes que façam das categorias de base uma fábrica em que os atletas não passam de "máquinas geradoras de lucro". É nossa obrigação enquanto gestores proporcionar a esses jovens e a sua família um mínimo de dignidade. A responsabilidade é nossa; o desafio é grande, mas não impossível.

Enfim, a verdade é nua e crua: ou fazemos desses jovens atletas homens com a capacidade de avaliar, de escolher seu próprio caminho, ou iremos continuar produzindo uma massa de atletas sem destino, sem perspectivas e sem nenhuma consciência de vida.

Não podemos permitir que os nossos garotos continuem achando o futebol a única solução, deixando para trás toda a sua história de vida, a convivência na família, na comunidade, seus laços culturais e, principalmente, o seu bem maior: a educação e os estudos.

Falta de orientação e apoio

A vida é feita de escolhas, sonhos, desejos, e, como possuímos em nossas vidas o livre-arbítrio, podemos decidir para onde ir, qual caminho iremos tomar. Esse poder de escolha se restringe muitas vezes às famílias que têm alguma estrutura e orientam seus jovens. O carinho, o amor, a cobrança, o afeto, o zelo são características que possibilitam criar uma base para enfrentar todos os embates que podem surgir no decorrer da nossa existência. A família, quando sólida, facilita o enfrentamento desses desafios e nos possibilita resolver as dificuldades com mais sabedoria e equilíbrio.

Infelizmente, por motivos diversos, muitos dos jovens que sonham ser jogadores de futebol nascem em famílias desestruturadas e se deparam desde cedo com problemas relacionados à violência familiar, ao alcoolismo, ao desemprego, entre outros.

O problema se torna crônico e grave quando surgem as dúvidas típicas da adolescência e esses garotos se sentem pressionados a fazer uma escolha na vida. O futebol, para muitos, passa a ser a única opção para sair da situação em que se encontram. Aqueles que resolvem se arriscar nessa aventura encontram inúmeros obstáculos e precisam aprender sozinhos a renunciar – renúncias que até então eram inimagináveis na vida deles. Deixar as baladas, as festinhas, não beber, dormir cedo para descansar são práticas difíceis na vida de muitos jovens.

Por ter que tomar uma nova postura diante da vida, é natural que eles se sintam acuados, pensativos e com dúvidas. Diante disso, passam a se indagar se vale a pena continuar insistindo nesse caminho ou se é melhor escolher outro caminho a ser seguido. Ou seja, eles se perguntam: o que devo fazer na minha vida?

Deparamo-nos aqui com algumas situações complicadas: além da falta de estrutura no nosso futebol, e com as escolinhas sem trabalho social, os clubes são enraizados em uma estrutura arcaica sem um olhar para fora das paredes que os cercam, com alojamentos sem nenhuma condição de higiene, usando como estratégia de retenção o sonho desses jovens de um dia jogar na Seleção Brasileira.

Por causa dessa manipulação, esses clubes se beneficiam de uma mão de obra barata e da possibilidade de revelar um craque a qualquer momento. Para completar, os gestores que comandam o futebol não atingiram um nível de consciência que lhes permita entender que o futuro desse esporte está na reconstrução e na reformulação das categorias de base.

Para mudar esse quadro, várias ações são necessárias: é preciso dar apoio às famílias, oferecer alojamentos decentes, dar orientação psíquico-pedagógica aos jovens atletas, criar condições para que eles possam conciliar os estudos com os treinamentos, qualificar os gestores, buscar parcerias com outros setores da sociedade (instituições públicas, universidades), entre outras.

Enfim, na atual situação, alguns profissionais com boas intenções tentam dar exemplo e orientar seus atletas utilizando experiências vividas, mas sabemos que isso não é o suficiente, e está longe se ser o ideal. É preciso urgentemente levar essa questão a sério, com mais responsabilidade, promover um grande debate, envolvendo todas as partes interessadas para que se possa construir algo real em prol do futebol e, principalmente, dar uma resposta à sociedade. E que esses meninos possam ter a possibilidade de escolher o caminho a trilhar.

Falta de oportunidade / peneiradas

Outro problema crônico no nosso futebol são as peneiradas, que nada mais são do que os testes para escolher os "melhores atletas". Muitos ficam pelo caminho, dispensados na hora em que precisam de mais apoio, na fase de formação; outros são descartados quando atingem a idade-limite de profissionalização. É uma vergonha achar que a peneirada é a melhor maneira de selecionar um atleta de futebol. Exemplo disso é Cafu, pentacampeão pela Seleção Brasileira e dispensado em dez peneiradas.

Não é possível observar se o jogador é talentoso e possui habilidade em poucos minutos. Nesses testes, os jovens atletas depositam toda a sua esperança de serem escolhidos e, sendo assim, essa prática torna-se uma crueldade, para não dizer uma covardia dos clubes. Parece uma "grande representação", em que os atores principais são os observadores que muitas vezes deixam os jovens apenas como "coadjuvantes" (papel secundário). Os jogadores são expostos ao ridículo, entre milhares de atletas que precisam mostrar seu talento, suas habilidades, muitas vezes em campos ruins, com pouco tempo à disposição, e ainda fora da posição em que gostam de jogar.

O interessante disso tudo é que muitos dos treinadores se acham doutores do futebol, dedicam 20% do tempo para observá-los e, nos outros 80%, ficam conversando sem nem mesmo olhar para o campo.

Ter oportunidade é a grande dificuldade para alcançar o sucesso no futebol, como disse o jovem Lucas Angeloni dos Santos, natural de Campinas/SP, um jovem de 20 anos que reside com a mãe na cidade paulista de Jaguariúna e que, como milhares de outros jovens, interrompeu os estudos e busca uma chance para se tornar um jogador de futebol: "São muitas as dificuldades, mas a principal é a questão da oportunidade, a grande chance para um teste. Tem também a dificuldade de conversar com as pessoas certas e honestas, pois hoje em dia tem muita pilantragem no futebol, pessoas roubando dinheiro e destruindo sonhos de jogadores de regiões pobres".

Quando questionado sobre o que faria para revelar talentos para o futebol se fosse um empresário forte e tivesse a chance de montar um clube, Lucas disse: "Eu daria oportunidades para os menos favorecidos, iria à várzea, às comunidades fazer peneiras, selecionar jogadores com talento, oferecer a eles uma chance de se tornarem jogadores, pois hoje em dia é isso que falta para o Brasil, oportunidades para aqueles que sonham em ser jogadores, já que muitos não têm dinheiro para viajar e fazer uma peneira para um grande time, ou até mesmo para um clube mediano".

Perfeito o que o jovem respondeu. Precisamos buscar talentos nas periferias, essa boa prática adotada para achar tantos Ronaldos, os Romários, Cristianos Ronaldos e Messis, gente com as habilidades de Neymar e Cafu, por exemplo.

Temos que parar de elitizar o nosso futebol. O que precisa ser feito de fato é uma verdadeira peneirada para selecionar os bons empresários, os bons treinadores, os bons gestores, os bons profissionais, que realmente têm o desejo de mudar a cara do nosso futebol.

A precariedade dos alojamentos

Os alojamentos em que os jovens são colocados para morar nada mais são do que o reflexo da estrutura do nosso futebol: precários, muitas vezes em condições desumanas. Essas crianças e adolescentes são submetidos a todo tipo de situação. Localizados nos grandes centros, as repúblicas ou alojamentos passam a ser a residência desses garotos que ficam meses, até anos, longe da convivência familiar, acreditando no mundo da bola.

A situação é muito grave, principalmente por se tratar de adolescentes, em sua maioria de famílias carentes, que aceitam tal situação como única esperança para conseguir melhor qualidade de vida para si e seus familiares. O maior problema é a privação de direitos trabalhistas, ou seja, eles não têm carteira assinada, assistência médica, nenhum direito básico constitucional ou algum tipo de garantia enquanto estiverem nas categorias de base do clube.

É de suma importância que os Conselhos Tutelares, juntamente com o Ministério Público, apliquem a lei com maior rigor através do Estatuto da Criança e do Adolescente, com o intuito de mudar essa triste realidade, na busca da identificação e punição das pessoas responsáveis por isso tudo.

Acredito ser esse o caminho, moralizar essa questão não é somente um dever do Estado, mas acima de tudo uma obrigação nossa, que somos amantes do esporte e desejamos uma modernização de toda a estrutura que o envolve. Chega de fazer desses meninos cobaias para uma minoria inescrupulosa, que os enxerga apenas como um produto, uma *commodity*.

Pesquisando pela internet, achei um texto interessante escrito pelo promotor de justiça Murillo José Digiácomo, do Ministério Público do Paraná, que não vou reproduzir na íntegra, mas acho importante publicar algumas das suas considerações, visto que, em uma parte do texto, ele se refere aos empresários, clubes, agentes:

> [...] é uma relação absolutamente desigual e injusta, na qual o "agente" ou "empresário", bem como o clube de futebol, ficam com todos os "bônus", sem assumir qualquer ônus em relação ao adolescente, eventuais problemas de saúde decorrentes das atividades desenvolvidas, em especial quando geram incapacidade, ainda que temporária, acarretam a pura e simples "dispensa" do jovem, que na melhor

das hipóteses recebe como "prêmio" uma passagem de retorno à residência de seus pais, sem direito a qualquer remuneração e, muito menos, indenização.

Desnecessário mencionar o absurdo de tal situação, cuja ilegalidade manifesta tem início já quando da retirada do adolescente do convívio familiar, passa por sua permanência em "repúblicas" ou alojamentos irregulares e culmina com sua "devolução" à família ou com a celebração de um contrato muito mais vantajoso para seu "agente" ou "empresário" (assim como para o clube onde irá atuar) do que para ele próprio.

Os clubes de futebol que, em última análise, são os maiores "beneficiários" de semelhantes práticas, não podem pura e simplesmente ignorar sua ocorrência, pois têm o dever (decorrente, inclusive, do disposto no art. 227, caput, da Constituição Federal, bem como dos arts. 4°, caput, 18 e 70, da Lei n° 8.069/90), de prevenir e reverter o quadro acima retratado.

Não se tem nenhum trabalho com médicos, principalmente medicina esportiva:

[...] Os cuidados com a saúde e bem-estar do adolescente devem ser constantes, valendo lembrar que os menores de 18 (dezoito) anos estão sujeitos a restrições quanto ao exercício de determinadas atividades, mesmo quando vinculados a programas de aprendizagem (cf. art. 67, da Lei n° 8.069/90).

[...] Como resultado, cada adolescente deve ter sua "peculiar condição de pessoa em desenvolvimento" (cf. art. 6°, da Lei n° 8.069/90) considerada e respeitada, o que importa numa análise individualizada e pormenorizada de sua condição física, que será considerada para limitar a carga de atividades a que será submetido (que não poderá, de modo algum, ser similar àquela exigida de atletas adultos), respeitando sua idade, compleição física e grau de condicionamento, sendo que eventuais metas para seu aperfeiçoamento precisam constar de documento subscrito por profissional habilitado (para fins de controle externo) sem prejuízo da realização de constantes reavaliações capazes de detectar problemas físicos (ou mesmo psicológicos) que demandem imediato tratamento.

Da necessidade de mudanças baseada na lei:

[...] Necessário, portanto, corrigir as distorções que hoje são verificadas no que diz respeito ao tratamento dispensado a adolescentes jogadores de futebol, tanto por parte dos clubes e seus dirigentes, "agentes", empresários e todos aqueles ligados à "indústria do futebol", quanto pelo ordenamento jurídico vigente, que precisa ser reformulado e adequado às disposições relativas à proteção integral e prioritária dos direitos infanto juvenis contidas na Lei nº 8.069/90, na normativa internacional e, acima de tudo, na Constituição Federal. (Murillo José Digiácomo, Promotor de Justiça do MPPR. Texto publicado no site CAOPCAE, área da criança e do adolescente)

A pressão psicológica pelos resultados

Uma dica poderosa do coach esportivo é fazer com que o atleta entenda que a prática do esporte deverá ser realizada com equilíbrio entre a mente e o corpo, que as responsabilidades do dia a dia devem ser enfrentadas com sabedoria e que ele pode não dar certo no esporte pretendido, mas precisa saber que existem outras formas de se conseguir o sucesso na vida.

No âmbito do futebol, o jovem faz a sua opção de ser jogador. Sabemos que no esporte as exigências são extravagantes: exigem dele disciplina, dedicação exclusiva com treinamentos exaustivos, críticas são recebidas a todo momento por uma possível deficiência técnica, entre outras. No futebol existem situações que aumentam ainda mais essa pressão e, por ser a maioria dos aspirantes de família carente, além de sujeitos a todas as formas de coação, são cobrados pelos pais para chegarem bem perto da perfeição, pelo fato de serem a única esperança da família de uma possível ascensão social.

Essa pressão psicológica elevada pode afetar consideravelmente a vida desses atletas fora e dentro de campo, podendo causar alguns distúrbios, como dificuldade de concentração, baixo rendimento dentro de campo e na escola, mudança de comportamento, ansiedade, estresse, entre outros.

Esse é outro problema que precisa ser encarado de verdade. O atleta se sente acuado, sem ter para onde ir, sem ter alguém que possa ajudá-lo a superar esse tipo de coação. Quando desiste da carreira, o problema piora, porque sente que não correspondeu às expectativas nele depositadas e não tem outra opção profissional na vida.

Daí a importância da conscientização dos dirigentes, da família, de educar esses jovens atletas não somente para o futebol, mas principalmente para vida, mostrando a eles que existem outras possibilidades de ter sucesso na vida, caso não obtenham sucesso no mundo da bola.

Nesse sentido, o trabalho do coach esportivo poderá contribuir e muito para a formação desses atletas. Para reforçar o que foi colocado no primeiro parágrafo, o coaching esportivo se torna uma importante ferramenta que possibilita ao atleta a prática do esporte com a mente tranquila, com menos cobrança para vencer nessa carreira, dando a ele a consciência de que, de uma forma ou de outra, poderá ajudar sua família por meio de uma profissão.

Falsos empresários

Infelizmente a vida é cheia de pessoas que querem se aproveitar, enganando o outro com falsas promessas em um determinado momento da vida. São verdadeiros oportunistas, pilantras, pessoas inescrupulosas.

No futebol não é diferente. Essas pessoas se aproveitam da fragilidade do atleta que, em geral, vem de famílias carentes para tentar ganhar algum dinheiro. Uma entrevista que retrata bem essa realidade foi a de um garoto das categorias de base, Lucas Angeloni dos Santos. Ele diz:

> Tive uma chance de poder jogar no Corinthians, mas naquele momento não podia treinar por causa do exame médico, que não tinha. Mandaram eu ir embora. Um pouco antes disso, estava com uma pessoa que falou que iria me ajudar a ser jogador; então, eu aceitei e falei que só iria assinar com ele quando ele me empregasse. Então, ele arrumou um empresário que iria me por no Grêmio de Porto Alegre, com salário e contrato. Mas esse cara que estava me ajudando começou a pedir coisas e, aí o empresário se sentiu indignado com aquilo tudo e desistiu. Isso me desmotivou demais, quase desisti.

Segundo um estudo realizado por uma organização não governamental francesa que presta assistência a jovens jogadores abandonados por supostos agentes (empresários), o futebol tem sido usado como meio de "tráfico de seres humanos" na União Europeia. As vítimas são garotos da América do Sul e África.

É uma realidade que precisa ser investigada. São agentes que se dizem empresários e que se aproveitam de jovens oriundos de países de extrema pobreza para atraí-los com promessas mirabolantes, fazendo-os acreditar que irão assinar contratos milionários e, com isso, conseguir sair da situação em que se encontram, com a possibilidade de realizar seu sonho de jogar em um time de ponta.

O mais grave disso tudo é que aqueles que não atendem às expectativas dos falsos agentes ou não conseguem um bom contrato são deixados de lado, à mercê das circunstâncias. Com o visto vencido, vivem nesses países na clandestinidade e envergonhados demais pelo fracasso, a ponto de não terem coragem de voltar ao país de origem.

Falta qualificação para os profissionais

Como já disse inúmeras vezes ao longo deste livro, o futebol brasileiro precisa ser tratado com mais eficiência e profissionalismo. Um dos caminhos que deve ser seguido é a busca da qualificação profissional de todos que estejam envolvidos de alguma forma, sejam gestores, sejam treinadores, coordenadores ou outros.

Isso é imprescindível para o crescimento de todos, pois a qualificação possibilita a elevação da nossa autoestima enquanto cidadão, desperta em cada pessoa a capacidade de pensar, de exercer sua criatividade diante de uma determinada situação, e faz com que todos tenham uma visão mais geral da realidade vivida. As pessoas que se qualificam estão mais aptas para tomar decisões às vezes difíceis.

Por outro lado, o que acontece hoje em dia é que nos deparamos com uma situação totalmente contrária, ou seja, muitos ex-atletas são convidados pelos clubes para assumir as categorias de base como treinadores, gestores, coordenadores ou supervisores. O problema é que eles não tiveram nenhuma preparação para exercer tais cargos, utilizam simplesmente sua experiência de quando eram jogadores de futebol. O mais grave disso tudo é que muitos deles não servem nem mesmo de exemplo para os garotos, pelo fato de não terem sido bons profissionais.

Portanto, é fundamental que seja feito um trabalho com esses ex-jogadores, com uma mudança de postura e de consciência. As atividades precisam ser realizadas com mais seriedade, eficiência e profissionalismo.

Problemas sociais e econômicos – Reflexos no futebol

"Somos a pátria de chuteiras!"

Será que hoje essa máxima corresponde à nossa realidade?

Pois bem, muitas pessoas que vivem do futebol, seus organizadores, a alta cúpula, olham para esse esporte apenas entre as quatro linhas. A preocupação e o objetivo maior são a formação de jovens talentos, que possam ser vendidos em curto prazo, ou seja, é lucro pelo lucro, poder pelo poder, futebol pelo futebol, nada além. Não interessam de onde os jovens surgiram, a sua estrutura familiar, a realidade econômica, social e cultural em que vivem.

Infelizmente, em nosso país, não entendemos ainda que, para ter sucesso no futebol, é preciso primeiramente que tenhamos uma estrutura mínima, política, social, econômica e cultural. Se tivéssemos uma melhor qualidade de vida, uma melhor distribuição de renda, se as famílias não passassem por tantas privações, iríamos com certeza ter jovens mais atuantes, mais críticos, mais maduros, menos carentes e com um poder de escolha melhor, o que ajudaria muito na formação dos atletas.

Somente para ilustrar, o Brasil já possui 202 milhões de habitantes, segundo dados do IBGE, e um PIB de R$ 4,84 trilhões; mesmo assim, temos ainda uma das piores distribuições de renda do mundo, mesmo depois de implantados diversos programas sociais para tirar a população da miséria.

Essa má distribuição de renda fomenta a criminalidade, a falta de oportunidades, de escolhas, o desemprego e, consequentemente, se reflete em toda a estrutura do futebol. É impossível construir algo, administrar, sem levar em conta o contexto no qual estamos inseridos, pois tudo está interligado.

Nesse sentido, entendo que, para se ter sucesso no futebol, é fundamental que haja uma política consistente, uma economia organizada, uma cultura valorizada, com um IDH (Índice de Desenvolvimento Humano) elevado. Não é preciso ser nenhum especialista da área para entender esse processo, basta observar a Europa, que tem um IDH elevado e estrutura econômica, social e cultural invejáveis. O resultado disso tudo é que ela hoje é detentora do futebol mais competitivo e mais bem jogado do mundo, sendo copiada por todos os clubes.

Portanto, para que possamos resgatar o nosso futebol, é necessário entender todo o processo em que estamos inseridos, é importante uma mudança de posição dos nossos dirigentes e uma mudança de paradigmas de todos os envolvidos com o esporte. Não é possível mais ficarmos no amadorismo, precisamos envolver outros atores para criarmos uma estrutura mais organizada e profissional. Ter uma visão geral e mais real do país em que vivemos é de suma importância para entendermos a situação desses atletas, suas histórias e carências. Com certeza, essa tomada de consciência e mudança de postura possibilitará mais dinamismo e melhores resultados nos trabalhos que forem desenvolvidos.

É importante reforçar que o coaching poderá contribuir e muito nessa nova jornada, proporcionando a essas pessoas uma visão mais sustentável dessa nova realidade vivida. Só assim poderemos construir uma nova estrutura e, quem sabe, em um futuro próximo, deixar de ser a velha pátria de chuteiras para sermos reconhecidos como a "nova pátria de chuteiras".

Conclusões

Ao tomarmos conhecimento da nossa triste realidade, temos a obrigação e o dever de promover mudanças profundas em nosso futebol, sendo importante que tenhamos várias iniciativas com o objetivo de romper e acabar com os vícios, os abusos e a desorganização que existe no meio.

Precisamos de ação, arregaçar as mangas e envolver os vários setores da sociedade e organizações não governamentais, visando a promover as mudanças necessárias ao futebol. Nesse sentido, várias são as iniciativas que podem ser concretizadas, como a realização de *workshops* para ganhar experiência, palestras que possam abordar vários temas, desde a formação do atleta, passando pela vivência do coaching, até temas sobre a necessidade da sustentabilidade no futebol. Outro setor importante a ser envolvido é o Judiciário, para que a lei seja aplicada.

É fundamental também que seja feito um intercâmbio, trazendo pessoas de outros países, técnicos renomados, gestores para mostrar o que está sendo feito em seus países, as boas práticas, as dificuldades encontradas e as soluções para os problemas que possam aparecer.

Com essas ações é que iremos começar a dar o primeiro passo em direção à moralização e à renovação do nosso futebol. Não podemos mais aceitar essa estrutura arcaica em que se encontra esse esporte. Por outro lado, é preciso mais ética no futebol, mais respeito com as nossas crianças e adolescentes. A humanização nas relações internas nos clubes e nas escolinhas precisa acontecer; não podemos mais permitir tanto descaso, tanta malícia, tanta corrupção envolvendo o futebol.

Enfim precisamos conhecer os fatos, investigar todos os tipos de exploração que são impostas a esses jovens. É fundamental que façamos uma reflexão em busca de respostas para começarmos um trabalho real, prático e eficiente.

Deixo aqui algumas perguntas para reflexão e para contribuir de alguma forma para a realização de projetos que possam ser desenvolvidos para a melhoria de toda essa estrutura:

• A quem se deveria atribuir a responsabilidade da formação de crianças e adolescentes que desejam ser jogadores de futebol? Escolinhas? Clube? À família?

• Que tipos de projetos poderiam ser realizados na comunidade em que vivem esses jovens? Quais os caminhos que devem ser seguidos para a melhoria do futebol? Existe uma incidência muito grande de jovens que abandonam suas famílias para jogar futebol. Como resolver essa questão sem comprometer sua educação e seu futuro profissional?

• Vários clubes de futebol não têm nenhuma preocupação quanto à exigência da frequência escolar, importante na formação de seus atletas. Que tipo de solução dar a essa situação?

• Como diminuir a frustração dos jovens atletas que não conseguem ingressar na carreira profissional? Como fazer para que eles possam ter outra profissão e, assim não cair no mundo da droga e da criminalidade?

• Que tipo de cursos de qualificação profissional deve ser ministrado para esses jovens enquanto atletas nas categorias de base?

• Que tipo de estrutura poderá ser dada a esse jovem e a suas famílias quando este estiver nas categorias de base? Qual o padrão mínimo do alojamento que deve ser disponibilizado aos atletas?

• Esses jovens precisam ser trabalhados emocionalmente. Por que os clubes não possuem psicólogos e coaches esportivos para trabalhar essa competência do atleta?

• Como evitar que, quando completam a maioridade no futebol, os jovens atletas sejam descartados e despejados dos alojamentos como carta fora do baralho, mesmo tendo dedicado vários anos ao clube?

• Que tipo de seleção pode ser feita para a escolha de jogadores para os clubes? Quais os critérios que devem ser adotados, já que milhares de sonhadores não conseguem participar dos testes?

• Quais os cursos de qualificação que poderiam ser ministrados aos treinadores e ex-atletas para que pudessem administrar melhor suas funções, formando atletas não somente para o futebol, mas para a vida?

Essas são apenas algumas questões entre várias que podem ser trabalhadas; espero ter conseguido provocar no leitor algum tipo de reflexão, visando a mudanças para um futuro melhor do nosso futebol.

6

AS FERRAMENTAS DO COACHING PARA OS ATLETAS

"Por que continuar sendo a mesma pessoa de sempre, se posso ser alguém muito melhor?" (Richard Bandler)

Nos processos de coaching simulados e apresentados nos capítulos 3 e 4 foram identificadas algumas ações para atletas e demais profissionais realizarem com o objetivo de alcançar as metas traçadas, além de atingir seu estado desejado.

Cito abaixo algumas dessas metas e ações, que acredito serem necessárias para os profissionais do futebol, juntamente com as ferramentas de coaching que poderão ser utilizadas por eles como apoio e orientação:

• Autoconhecimento do atleta para desenvolvimento das fraquezas e potencialização dos pontos fortes
Ferramentas: Autoconhecimento, Visão & Missão, *Autofeedback* ou Análise SWOT
• Mudança comportamental dos atletas por meio de um novo modelo mental (novo padrão de pensamentos e crenças)

Ferramentas: Crenças & Valores

• Atitudes assertivas para mudança comportamental dos profissionais do futebol

Ferramentas: Crenças & Valores

• Controle emocional do atleta com o desenvolvimento da inteligência emocional

Ferramentas: Autoconhecimento, livro Inteligência emocional

• Foco total do atleta rumo ao sucesso no futebol

Ferramentas: Visão & Missão, Metas & Objetivos

Como já vimos, a "essência do coaching é ajudar os jovens atletas a mudar suas vidas direcionando seu foco e energia para aquilo que desejam, seus sonhos, suas metas e objetivos", ou seja, tornar-se um atleta profissional de futebol.

Lembrando que, "se pudéssemos resumir em apenas uma palavra todos os benefícios e vantagens do coaching, a palavra seria resultados". Apostila IBC Coaching

Dessa forma, seguindo nossas dicas e utilizando essas ferramentas, as pessoas poderão alcançar um aumento de desempenho, gerando mais satisfação pessoal e profissional e melhora da sua qualidade de vida.

Faz sentido para você?

Faz sentido para você que um profissional sem um objetivo se torna alguém sem foco?

Faz sentido para você que está dentro de cada um de nós a motivação para uma vida mais agradável e feliz?

Faz sentido para você que o coach pode contribuir e ser estímulo para você encontrar o seu caminho e colocar foco no seu objetivo?

Faz sentido para você que só você é que vai encontrar motivo para acordar todos os dias e fazer da sua vida uma vida mais agradável e feliz?

Entender quem somos através do coaching e construir uma trajetória através de um plano estratégico profissional pode ser a chave da transformação da nossa vida pessoal e profissional.

Sendo assim, caso realmente faça sentido para você, sugerimos a elaboração desse plano profissional, identificando a sua Missão, Visão, Competências, Crenças, Metas e Objetivos.

Missão e visão

Elaborando a sua Visão e Missão de vida profissional você estará se comprometendo com os seus objetivos e metas rumo ao profissionalismo no futebol.

A Visão é composta por imagens mentais que nos inspiram a agir e a tornar nossos sonhos realidade. Ela nos dá direção e pode criar significado na vida; é inspiradora, estabelece o ponto aonde queremos chegar e o que queremos ser; está relacionada com nossos sonhos e aspirações mais profundos. Logo, o que você quer e aonde quer chegar com esse serviço é a sua Visão Pessoal.

Já a nossa Missão é uma lembrança de quem somos e do impacto que causamos no universo. Isso faz com que a vida seja completa e feliz.

A Missão é orientadora, está relacionada aos nossos talentos, às nossas ações e objetivos. Ela delimita a função que devemos desempenhar, de que forma devemos atuar e operacionalizar para conseguir colocar nossos sonhos (Visão) disponíveis às pessoas com quem convivemos.

Sonhei (Visão), e agora? Como faço para entregar esse sonho? Como me estruturo e organizo?

Exemplos de Visão e Missão:

Visão: "Ser um atleta de futebol profissional conhecido internacionalmente, buscando continuamente ajudar minha família e a escolinha de futebol, deixando como legado ser um cidadão e atleta do bem, respeitado por todos".

Missão: "Buscar continuamente, com muito trabalho e dedicação nos treinamentos e competições, melhorias de desempenho e desenvolvimento das competências necessárias aos atletas de futebol, servindo no futuro de exemplo para os jovens atletas do clube".

Autoconhecimento

Quais são os profissionais e atletas procurados pelos clubes de futebol? Aqueles que possuem como competência o foco nos resultados, ou seja, a excelência individual rumo ao sucesso na carreira. O ideal de um atleta com foco em resultado é ter habilidade na tomada de decisão e ações congruentes nos esforços, tanto nos treinamentos quanto na vida pessoal, a fim de que seu desempenho em campo seja sempre o melhor possível, individualmente e em equipe. Para que ele atinja esse status de excelência, é necessário estar ciente de suas potencialidades e limitações diante das exigências de entrega que o futebol faz.

Para que esse profissional do futebol possa desenvolver uma carreira dentro da sua qualificação, é preciso caminhar em direção ao desenvolvimento contínuo, reciclando suas competências.

O autoconhecimento é o primeiro passo para essa reciclagem de competências. Ele favorece a autocrítica e um melhor direcionamento de carreira. "É quando assumo a autoria da minha história e compatibilizo minhas competências pessoais que vou encontrar satisfação naquilo que eu realizo". Apostila IBC Coaching

O autoconhecimento traz inúmeros benefícios para o atleta. Podemos dizer que quanto mais o atleta se conhece, mais ele pode:

• Gerar resultados produtivos;

• Explorar a limitação enquanto oportunidade;

• Desenvolver habilidade no manuseio e controle dos impulsos que geram reações inadequadas;

• Sair em busca dos melhores comportamentos relativos à carreira.

Todos esses itens são entendidos como melhoria contínua e implicam novos aprendizados, implicam abandonar velhos hábitos e adquirir novos conhecimentos, além de novos padrões de comportamento, muitas vezes radicais, e a quebra de paradigmas.

O processo de coaching é efetivo, pois contribui com a clareza sobre quem realmente somos, como somos e o que somos capazes de produzir. Contribui também com o estar aberto a receber *feedback* e conhecer a imagem que os outros têm sobre quem somos.

Enfim, com o processo de coaching é possível conhecer um pouco da própria essência, descobrindo algumas peculiaridades que envolvem a formação das pessoas, personalidade, comportamentos e relacionamentos.

Sabemos que "O trabalho é uma das dimensões do ser humano. A outra é o amor. Onde se conclui que só tem um bom desempenho profissional o jogador que ama aquilo que faz". E, como sabemos, todos os atletas amam a profissão. Logo, um ponto positivo rumo ao sucesso já está definido.

Autofeedback ou análise SWOT

Essa ferramenta – *Autofeedback* – pode ser utilizada para o autoconhecimento.

O que é talento? Como desenvolvê-lo até que se torne uma atividade produtiva? É raro encontrar alguém que consiga responder a essas perguntas de modo satisfatório.

Infelizmente, a maioria das pessoas tem pouca noção de seus talentos e pontos fortes, e ainda menos capacidade de construir suas vidas em torno deles. Conhecer profundamente nossos talentos e usá-los de forma consciente é o único caminho para a excelência. Aplicando a mesma lógica para os atletas, os ganhos da equipe se multiplicam.

Dessa forma, identificando os seus pontos fortes e pontos de melhoria, as suas oportunidades e ameaças, utilizando a ferramenta *Autofeedback*, ou Análise SWOT, você estará identificando os *gaps* para o desenvolvimento de competências e habilidades necessárias para a aceleração dos seus resultados, o que o ajudará a alcançar o sucesso que deseja.

Podemos nos tornar pessoas e profissionais bem-sucedidos quando dedicamos nossa energia a aprimorar o que já fazemos de melhor, ou quando queremos melhorar alguma coisa que é definida como um ponto fraco. Em qualquer das situações, a intenção é nos tornarmos ainda mais competentes, produtivos e felizes.

Apoiados no conceito da Análise SWOT/*Autofeedback*, teremos uma visualização da situação atual, do contexto inicial que, em coaching, chamamos de Ponto A (estado atual). Preenchendo o quadro da página 81, consigo então identificar e definir onde devo agir, colocando foco e energia a fim de obter satisfação e sucesso na carreira.

Identifique, assim, os seus pontos fortes e fracos a fim de incrementar o seu perfil.

Faça já a sua autoavaliação. Pergunte a si mesmo: no dia a dia, estou fazendo o que sei fazer de melhor? Sinto satisfação no que faço? Se a resposta for sim, você está no rumo certo. Do contrário, chegou o momento de mudar!

Como já foi dito anteriormente, o valor e o sucesso de um atleta de futebol podem depender de uma combinação específica dos elementos talento (dom), potencial (despertar por completo) e desempenho, além da sorte.

Todos nós temos maior ou menor dificuldade em realizar determinadas coisas, e um bom exercício para todos é refletir sobre os dons e talentos e investir nessas potencialidades.

Logo, criando o seu *Autofeedback* como no exemplo, você conhecerá um pouco mais de si mesmo. Quais os seus pontos fortes? Em que fundamento da bola você realmente é forte e maior? Em que aspectos você faz diferença no mercado?

Você poderá se conhecer ainda melhor, reconhecer pontos que necessitam de melhoria e potencializar seus pontos fortes a fim de superar desafios e obstáculos do dia a dia, desenvolvendo mais habilidades para o seu futebol.

Nas palavras do atleta Paulo André,

> Se pudesse resumir o que é ser atleta, diria: sonho, paixão e desejo, aliados aos sacrifícios e à dedicação! Repetição, repetição e repetição. Automatizar cada gesto, cada fundamento, preparar a máquina física e alinhá-la com a máquina mental, tornando-as uma coisa só. Suportar pressão, suportar derrotas, superar pessoas, superar a si próprio. Tudo isso numa decisão que deve ser renovada ao se levantar a cada manhã.

Metas & objetivos

Ter metas é essencial para qualquer atleta que deseja alcançar algum resultado, e também são os passos para alcançar seus objetivos.

Se você não sabe aonde quer chegar, qualquer caminho é válido. Como diz a piada, o ET chegou à Terra e curioso entrou num prédio, viu um elevador, entrou e o ascensorista perguntou: "Qual o andar?". O ET disse: "Tanto faz, já errei de prédio mesmo". Você quer ser um ET que caiu nesse planeta por acaso ou quer descobrir seu papel nesse mundo? Se sua opção é essa, então tenha metas.

Você jovem atleta, já sabe o seu objetivo maior, o seu estado desejado? Aonde quer chegar (o ponto B do processo de coaching)?

Acredito que sim!

Você quer tornar-se um atleta profissional do futebol.

No capítulo 4, enumeramos algumas metas e ações comuns aos jovens atletas nessa caminhada, acreditando serem importantes e para serem copiadas.

Então, pegue um papel e escreva todas as suas metas, os passos para ajudá-lo a alcançar seu objetivo maior no futebol.

Lembre-se: metas e objetivos bem definidos são um excelente combustível para o entusiasmo, a motivação e a alta performance, nos trazem esperança, nos levam à ação e estabelecem a razão por que nos levantamos da cama todas as manhãs. Sonhos podem ser transformados em metas e objetivos para serem alcançados, e a ausência de metas garante o fracasso.

Crenças

As crenças são tudo aquilo em que acreditamos, como filtramos e percebemos a realidade. Elas orientam a nossa vida.

As nossas crenças surgem a partir das experiências de vida que temos e tornam-se fatores determinantes para futuras experiências. Atuam como filtros que irão gerar os estados internos, que nos alavancam em uma direção ou nos bloqueiam, nos limitam.

Percebemos o mundo através dos sentidos, e essa percepção vai para o nosso sistema nervoso; ao passar pelo filtro das crenças, fazemos nossas escolhas, a partir de comparações.

Comparamos a informação que recebemos com as nossas crenças, com aquilo que acreditamos e que é verdade para nós.

É assim que fazemos escolhas em direção aos nossos objetivos. Se tiver crenças fortes, elas o orientam a criar o mundo que você quer para si, o mundo em que você quer viver. Se tiver crenças poderosas, é nelas que encontrará a energia para prosseguir e superar obstáculos.

O sistema de crenças é muito importante para o atleta; se ele acredita que pode jogar, que é realmente possível ganhar, ele joga e ganha, e se acredita que não pode, é enviada uma mensagem ao seu inconsciente formando a crença limitante que o impede de jogar e de desenvolver determinada habilidade.

Exemplos de crenças: "Todo político é ladrão"; "Sou um péssimo jogador"; "Sou péssimo com mulheres"; "Sou um excelente profissional"; "Sou um bom pai"; "Sou uma mãe dedicada"; "Sou bem-sucedido tanto na profissão quanto no meu papel de marido e pai"; "Eles podem porque pensam que podem. E se você pensa que pode, então você consegue".

Portanto, identificar nossas crenças é indispensável no processo de coaching, já que elas estão por trás do nosso comportamento e determinam as nossas ações.

Mudança das crenças

Então, se desejo mudar um comportamento, preciso antes mudar minhas crenças sobre algumas coisas. Com isso dizemos que as crenças governam os comportamentos.

Existe uma pergunta bastante comum nos treinamentos comportamentais que é a seguinte: o que você tem feito de diferente para obter resultados diferentes? A partir daí, observe em você: o que tem feito de igual para obter os mesmos resultados? Quais os seus comportamentos que o trazem insatisfação? Você sabe a que crenças esses comportamentos estão ligados?

Precisamos então substituir as crenças limitantes por crenças fortalecedoras, já que todo comportamento se apoia em uma crença. Como são importantes somente bons comportamentos dentro e fora dos gramados, alterar uma determinada crença que está resultando em um mau comportamento do atleta pode ser a solução.

Muitas vezes, tomamos consciência de que um comportamento é inadequado, buscamos a mudança de todas as formas possíveis e o sucesso não vem. Por exemplo: vamos supor que eu seja uma pessoa qualificada em gestão financeira. Faço o controle financeiro da empresa e sou efetivo nisso, porém as finanças pessoais são um desastre, limite do cheque especial estourado, sempre no vermelho. De onde vem essa inabilidade com as finanças pessoais? Talvez, quando criança, eu tenha escutado muitas vezes: "Filho, venha almoçar, mas antes lave as mãos porque você estava mexendo em dinheiro". Qual a mensagem gravada no meu inconsciente? "Dinheiro é sujo".

Modelagem das crenças

Existem muitas crenças universais (que se aplicam a todas as pessoas), e aqui colocamos apenas sete para que você possa conhecê-las e entender como são congruentes e proporcionam sucesso. Essas crenças são fortalecedoras no sentido de nos dar autonomia e autoconfiança no fazer e alcançar maiores resultados.

• Crença 1: Tudo acontece por uma razão e um fim, e isso nos serve.

As pessoas de sucesso têm esse pensamento e estão satisfeitas com isso. Elas acreditam que na adversidade existe um possível benefício de igual tamanho ou maior que o problema. Com muita disciplina, essas pessoas seguem revendo os passos, aprendendo com os erros e extraindo lições quando os reparam.

• Crença 2: Fracasso não existe. Existe é resultado indesejado.

O que existe é o resultado. Nossa cultura nos programou para encarar o erro como um fracasso. Isso acontece, por exemplo, quando não passamos numa prova, quando não passamos de ano. Essas decepções na infância ou adolescência geraram frustrações. Da mesma forma, um amor não correspondido, ou que não evoluiu da forma como gostaríamos, gerou uma sensação denominada fracasso. O que uma pessoa de sucesso vê nisso tudo é uma experiência, um resultado. Uma pergunta a ser feita a uma pessoa de sucesso que detectou um erro, um desvio no caminho para o resultado seria: qual o aprendizado que você leva (levou) dessa experiência cujo resultado não foi o definido inicialmente? Talvez a resposta fosse: não vejo que não obtive o resultado esperado, pois aprendi outras coisas muito boas e importantes que posso dizer a você. Assim, fica estabelecido que as pessoas sempre conseguem alcançar algum tipo de resultado.

• Crença 3: Qualquer coisa que aconteça, assuma a responsabilidade.

As pessoas de sucesso assumem a responsabilidade pelos seus atos. Pense em alguns líderes que você conhece. Eles sempre dizem: "Sou responsável. Cuidarei disso". Se você não assume a responsabilidade pela sua vida, acredite: alguém estão faz, mesmo que inconscientemente. E você está à mercê do vento. Há uma música que diz: "Deixa a vida me levar...". As coisas simplesmente acontecem. Assumir a responsabilidade pela sua vida lhe confere poder e autoridade, lhe permite trocar energia com o universo, proporciona sinergia e contribui com a evolução e desenvolvimento dos outros.

• Crença 4: Não é necessário entender tudo para ser capaz de usar tudo.

As pessoas de sucesso sentem e sabem que sabem o suficiente para realizar, para agir e ir seguindo a jornada. Elas acreditam que outras pessoas sabem o que elas precisam para ter sucesso, não no sentido de usar ou manipular os outros, mas no sentido de agregar valor.

• Crença 5: As pessoas são os seus maiores recursos.

Pessoas de sucesso reconhecem e respeitam os outros. Têm senso de equipe e união. Isso porque elas acreditam que manter o sucesso é resultado de relacionamentos sustentáveis e, como ninguém vive isolado, elas sabem que o trabalho sempre é feito por mais de uma pessoa. Empresas de sucesso levam isso em consideração. Tratam pessoas conforme as melhores práticas de gestão de pessoas.

• Crença 6: Trabalho é prazer.

Pessoas de sucesso fazem o que gostam. Por isso, muito mais do que o prazer (imediatista), procuram a satisfação no que fazem (o bem-estar de longo prazo).

• Crença 7: Não há sucesso permanente sem confiança.

O sucesso é para aqueles que têm autoconfiança e acreditam nesse poder. Para ser uma pessoa de sucesso você não precisa ser a melhor, nem a mais brilhante, a mais rápida ou a mais forte. Precisa, sim, ser autoconfiante.

Faço outro convite a você. Por que não adotar essas crenças? Experimente-as!

Fórmula para o sucesso

Entendemos como sucesso o esforço contínuo para tornar-se maior e uma oportunidade de crescimento. É um processo sempre em construção e não um fim a ser alcançado.

Existe uma fórmula para o sucesso, um caminho coerente a ser percorrido:

- O primeiro passo é ter um resultado definido; é necessário saber o que se quer (estado desejado);

- O segundo passo é tomar medidas, ou seja, ter metas a alcançar nessa jornada (elaborar ações e metas);

- O terceiro passo é ter sensibilidade para reconhecer os sinais, as evidências de que está na direção escolhida, tomando as devidas precauções de corrigir o desvio e retornar ao caminho certo (verificação);

- O quarto passo é desenvolver flexibilidade para mudar o próprio comportamento quando isso se faz necessário nessa jornada (mudanças).

Existe também a fórmula do sucesso definitivo, um outro passo a passo:

1º passo: devo conhecer o efeito de minhas escolhas;

2º passo: devo modelar meu comportamento a partir de alguém que fez e deu certo;

3º passo: devo agir.

4º passo: devo ser perspicaz e observador, analisando se estou no caminho ou me desviando dele.

5º passo: devo continuar na jornada, tirando aprendizado dos desvios realizados, até conquistar o objetivo.

Vamos, então, aplicar esse passo a passo na carreira do atleta de futebol?

1º passo: se escolhi ser um atleta do futebol, é importante saber como se dá essa trajetória, quais são os benefícios, as vantagens e desvantagens, as dificuldades, que habilidades são necessárias, os investimentos tangíveis e os intangíveis, quanto tempo dura essa carreira, qual a média salarial conforme a categoria e série do time, entre outros.

2º passo: eleger modelos, atletas profissionais de sucesso e aprender com a trajetória deles; entender como eles treinavam, viviam, que escolhas fizeram, quais as suas crenças, até mesmo espirituais.

3º passo: fazer acontecer, ou seja, treinar, e também montar um plano de carreira, ou talvez um projeto de vida através do coaching (plano estratégico profissional).

4º passo: criar um padrão de monitoramento para conferir se está no caminho e as metas traçadas.

5º passo: manter sempre o foco e registrar os aprendizados.

Lembre-se de que mais importante do que ser extremamente habilidoso e ter o dom para fazer acontecer é ter compromisso com o que se propõe a realizar. Ser comprometido é o grande diferencial entre aquele que "deixa a vida me levar" e aquele que é uma pessoa de sucesso.

Automotivação

Procure a automotivação, um aspecto determinante na maneira como as pessoas lidam com o fracasso. É impossível alcançar o sucesso se não soubermos enfrentar positivamente o seu oposto – o fracasso:

• Entenda que o erro permite que você redirecione o caminho;

• Coloque o foco em entender o porquê e não quem;

• Use o erro como fonte de aprendizado e como medida para avaliar o seu crescimento.

Sete características de caráter

Precisamos acreditar que temos um potencial interior inesgotável, algo maravilhoso para buscar o equilíbrio entre a mente e o corpo.

Para o nosso sucesso, sete características de caráter são fundamentais e nos motivam em direção ao que precisa ser feito a fim de obter o resultado. São elas:

1. Paixão: o atleta de sucesso tem na paixão o estímulo que reforça a busca pelo resultado. A paixão lhe confere poder e interesse e dá significado ao que faz.

2. Crença: o atleta de sucesso sabe verdadeiramente o que quer e aonde quer chegar. Acredita que é capaz e não se intimida com os obstáculos.

3. Estratégia: o atleta de sucesso utiliza estratégias como meio de organizar os recursos disponíveis. É efetivo nessa organização dos seus talentos e, quando tem uma equipe, sabe utilizá-los como apoio positivo.

4. Clareza de valores: o atleta de sucesso tem um sistema específico de crenças e valores que diz o que é certo e errado para a sua vida. Julgar é fazer associações e fazer escolhas. Ter um sistema de crenças e valores bem estruturado facilita e torna a vida mais gratificante.

5. Energia: o atleta de sucesso tem energia, que é o pique para trabalhar, para fazer acontecer. A energia é o elemento que faz o motor funcionar, é o fogo que acende a paixão por fazer acontecer.

6. Poder de união: o atleta de sucesso tem capacidade para criar, construir e manter relacionamentos. Ele se une a outros atletas com facilidade e desenvolve essa relação harmoniosamente, independentemente de cultura, crenças e valores. Ele tem respeito pelas diferenças.

7. Domínio da comunicação: o atleta de sucesso tem habilidades de comunicação. É fundamental perceber o mundo, processá-lo internamente, entender como é a nossa percepção e comunicar corretamente, tanto a nós mesmos quanto ao interlocutor, quando este solicita ou aguarda um *feedback*.

Modelagem

A modelagem é o princípio natural da aprendizagem e o caminho para a excelência. É simples: modelamos para aprender a andar, falar e comer.

Logo, muito importante para jovens atletas é procurar saber como seus ídolos alcançaram o sucesso. Procurar saber se esses atletas são felizes com os resultados obtidos, se o estilo de vida dentro e fora do campo é condizente com sua maneira de ver o mundo. Esse processo é chamado de Modelagem.

Conheçam tudo sobre eles: autobiografia, vídeos, depoimentos, entrevistas, conselhos e dicas. Utilizando essa excelente estratégia de autodesenvolvimento, serão grandes as chances de acontecer o mesmo sucesso profissional com você.

Os atletas de sucesso seguiram sua carreira ajustando e reajustando, tentando e errando inúmeras vezes, até alcançar o objetivo.

Enquanto você acreditar que só alguns nasceram com talento para atleta de futebol, essa será a sua realidade. Diferentemente, quando você entender que certos atletas de futebol são pessoas de sucesso e dignas de serem modeladas, então utilize essa estratégia, estude e procure saber como elas conseguiram esse resultado. O preço é o tempo e o esforço na busca de conhecer a fundo essas pessoas.

O nosso sistema de crenças, nossa sintaxe mental e nossa fisiologia são os ingredientes fundamentais para sermos a melhor pessoa que podemos ser, em outras palavras, sermos pessoas de sucesso. Alguns denominam esses ingredientes de portas.

• 1ª porta – o seu sistema de crenças. Em que você acredita? O que você pensa ser possível ou impossível? O que você pode ou não fazer?

É importante entender que, quando você não acredita que possa fazer alguma coisa, está comunicando ao seu sistema nervoso que é incapaz de obter tal resultado. O contrário também é realidade: se você acredita que pode fazer alguma coisa, então está comunicando seu sistema nervoso de que é capaz de obter o resultado. A modelagem se aplica aqui como uma estratégia para ser uma pessoa de sucesso, quando copiamos o sistema de crenças dessa pessoa.

• 2ª porta – a sua sintaxe mental. Sintaxe mental é a forma como você organiza seus pensamentos, mais ou menos como um código.

Na comunicação, quando o arranjo, ou sintaxe, é positivo, o resultado é positivo também. Observe: "Vou vencer a timidez" e "Vou desenvolver coragem e força". No primeiro caso, o foco é no comportamento negativo e limitante. No segundo, colocamos ênfase em habilidades maravilhosas e positivas, em que acreditamos e que facilitarão a superação da timidez. Entenda a sintaxe – estrutura mental – da pessoa de sucesso a ser modelada. Lembre-se de que isso demanda esforço e tempo de estudo.

• 3ª porta – sua fisiologia. Impossível separar mente e corpo.

O corpo reflete o que se passa em sua mente, seus pensamentos, mesmo que inconscientes. Com isso estamos dizendo que sua respiração, sua postura corporal, expressões faciais, até seus movimentos falam muito sobre como você está internamente. Seu estado interno é o fator determinante da qualidade dos seus comportamentos e dos resultados que conseguirá obter.

"PLANO ESTRATÉGICO PROFISSIONAL"

A — Ação: Corretiva Preventiva Melhoria

B — Definir Metas / Definir Método

Educar e Treinar

Executar

Colocar Dados

C — Checar Metas x Resultado

D

ATLETA:

COACH: RICARDO POLICARPO

RM COACHING

DATA: / /2014

Perguntas Poderosas do Coaching

Qual é a sua Visão de Vida? Ou seja, aonde você quer chegar? Qual o seu maior objetivo? O que você quer ser?
Sonhou, e agora? Qual a sua Missão? Ou seja, como você vai chegar lá? O que você vai fazer?
Quem é você no ambiente e contexto atual, onde vive e atua? O que está fazendo?
Lembrando que, as metas são os passos para se chegar ao objetivo, você consegue identificá-las?
Quais ações você irá realizar para alcançar as suas metas e objetivo maior?
Como é seu comportamento nesses ambientes e contextos? São os melhores comportamentos para um futuro atleta de sucesso?
Quais habilidades são manifestadas através desses seus comportamentos?
Você consegue identificar os seus pontos fortes para potencializá-los e os pontos fracos para desenvolvê-los?
Por que você encontra motivação e se permite realizar seus sonhos? Quais são os valores que te norteiam nessa busca e realização?
Você está dando o máximo nos treinamentos e competições? Caso não, porque está se poupando ou dosando energias?
O que é necessário fazer para conquistar o equilíbrio entre o corpo e a sua mente, visando atingir os melhores resultados com bons comportamentos?
Você realmente sabe responder se vale a pena todos os sacrifícios pela carreira de atleta? Então, enumere alguns sacrifícios feitos.
Qual a intenção positiva em adotar este comportamento inadequado para atletas?
Como e o que fazer para ter mais controle emocional nos momentos de decisão?
Em relação à sua carreira, como mantê-lo extremamente FOCADO no presente e ao mesmo tempo desenvolver valor agregado para uma visão de futuro na carreira?
Se você tivesse certeza que não vai falhar, o que você faria de diferente de hoje visando alcançar o seu objetivo maior? Como você gostaria que fosse a sua atuação profissional se tivesse certeza que nunca falharia? Por que continuar sendo o mesmo atleta de sempre, se posso ser um atleta muito melhor? • Por que continuar sendo o mesmo atleta de sempre, se posso ser um atleta muito melhor?
Por que continuar sendo o mesmo atleta de sempre, se posso ser um atleta muito melhor?
Qual é o legado que você quer deixar nos grupos as quais pertence e realiza sua missão de vida, de forma a contribuir com um mundo melhor?

E, se você atleta não conseguiu as respostas para todas as perguntas acima, é sinal que realmente necessita de apoio e ajuda de um Coach Esportivo. Ele poderá ser a solução para, além de ajudá-lo a encontrar estas respostas, apoiá-lo com orientações rumo ao seu sucesso no mundo da bola.
Sendo assim, você vai adquirir muito conhecimento acerca do futebol, das dificuldades na trajetória desta carreira e, também conhecimento acerca das suas habilidades que possui para potencialzar e outras a desenvolver.
Entendendo que Sucesso é resultado de Competência e, esta é o somatório de Conhecimento (saber), Habilidade (saber fazer) e Atitude (querer fazer), este sucesso não existirá somente com o conhecimento e habilidade do atleta. É necessário ação.
Sucesso = Competência (Conhecimento (saber) + Habilidade (saber fazer) + Atitude (querer fazer) Competência (CHA)
Assim, o atleta tendo Boas Atitudes (intenções positivas), ou seja, querer fazer as coisas certas, adotará somente comportamentos dignos de um atleta de sucesso.

CONCEITO DE VISÃO:
Visão são imagens mentais que nos inspiram a agir e a tornar nossos sonhos realidade. Visão nos dá direção e pode criar significado na vida. A visão é inspiradora, estabelece onde queremos chegar e o que queremos ser; está relacionada com nossos sonhos e aspirações mais profundos. Logo, o que você quer e aonde quer chegar com este serviço é a visão da empresa ou a sua Visão Pessoal.
PERGUNTAS DA VISÃO:
Qual é o seu maior objetivo?   *O que você quer ser? Onde você quer chegar?*   *Você já parou para definir realmente aonde quer chegar com seu negócio ou onde trabalha?*
EXEMPLO DE VISÃO
"Ser um profissional de Coaching reconhecido no Futebol por desenvolver os jovens talentos na direção do profissionalismo e na área industrial, desenvolver os profissionais com melhores comportamentos para um ambiente de trabalho mais humanizado, respeitador, agradável e SEM ACIDENTE".
VISÃO DO ATLETA:

CONCEITO DE MISSÃO:
Nossa missão de vida é uma lembrança de quem somos e do impacto que causamos no universo. Isso faz com que a vida seja completa e feliz.   *A missão é orientadora, está relacionada aos nossos talentos, às nossas ações e objetivos.*   *A missão delimita a função que a empresa deve desempenhar, de que forma deve atuar e operacionalizar, para conseguir colocar o sonho (visão) disponível a seu público específico*
PERGUNTAS DA MISSÃO:
Sonhei (visão), e agora?   *Como faço para entregar este sonho?*   *Como me estruturo e organizo?*   *Por que você existe?*   *Por que estamos vivos aqui nesse planeta?*   *O que você faz? Para quem?*
EXEMPLO DE MISSÃO
"Buscar continuamente novos conhecimentos acerca do Coaching para cada vez mais como coach, conseguir apoiar e ajudar as pessoas e profissionais/ ou empresas a alcançarem os seus objetivos e melhores resultados, desenvolvendo pessoas de maneira contínua, promovendo o bem estar e relações humanas saudáveis e duradouras".
MISSÃO DO ATLETA:

ANÁLISE SWOT DO ATLETA -

Ambiente Interno	FORÇAS (Strengths)	OPORTUNIDADES (Opportunities)	Ambiente Externo
	Quais são seus pontos fortes, principais forças, qualidades, virtudes ou talentos? Potencializar	Que oportunidades existem para aproveitar estas forças e alcançar seus objetivos? Acompanhar	
	FRAQUEZAS (Weaknesses)	AMEAÇAS (Threats)	
	Quais são seus pontos a serem melhorados, principais fraquezas, defeitos ou dificuldades? Melhorar	Que ameaças existem pelas suas fraquezas que podem impedir de atingir seus objetivos? Eliminar	

ESTADO ATUAL DO ATLETA
Trata-se do Estado Atual de momento identificado pelo atleta, considerado o Ponto A do Processo de Coaching: *1-* *2-* *3 -* *4 -*

FORMATANDO O OBJETIVO	
Roteiro Para Formatar Visão e Objetivo	

VISÃO

Aonde quer chegar?

OBJETIVO / ESTADO DESEJADO	**EVIDÊNCIA**
O quê? Quando?	Qual a evidência que você conseguiu?

MOTIVADORES (GANHOS)	**SABOTADORES (PERDAS)**	**VALORES**
O quê você vai ganhar com isto?	O que você/outros perde(m) com isto? Como minimizar possíveis perdas?	Por que é importante? Qual a relevância?

ESTRATÉGIAS?	**RECURSOS**
Quais as formas para conseguir isto?	Do que você vai precisar?

PERDAS E GANHOS

(Fatores Motivadores, Sabotadores, Ganhos e Perdas)

O Que Você Vai Ganhar com Isto? Motivadores - Prazer	O Que Você Vai Perder com Isto? Sabotadores - Dor
O Que Você Vai Ganhar se Não Tiver Isto? Sabotadores - Prazer	O Que Você Vai Perder se Não Tiver Isto? Motivadores - Dor

Minimização de Perdas (sabotadores - dor)

O que fazer para minimizar possíveis perdas (sabotador)?

Manutenção de Ganhos (sabotadores - prazer ou ganhos secundários)

Que ganhos você vai obter não fazendo isto?

Congruência Sistêmica

O objetivo ou resultado desejado afeta negativamente outras pessoas ou o meio ao qual você faz parte?

Ajuste

Se a resposta for sim, altere o seu objetivo ou resultado desejado para que afete apenas positivamente as pessoas e o meio ao qual você faz parte.

MERECIMENTO OU ARREPENDIMENTO

Arrependimento é a tomada de consciência de que me desviei do caminho (volta de 180° - a correção do caminho)	
Arrepender-se do que não fez ou do que fez mal? Você arrepende-se de que? Qual ação realizada desviou você do seu caminho rumo ao sucesso?	**Ah, se eu tivesse me cuidado mais...", "Ah, se eu tivesse agido de outra forma...".**
O merecimento é a consciência boa e construtiva	
Porque você considera ser merecedor de se tornar atleta profissional?	**"Fiz e mereço." "Eu mereci o que conquistei porque fiz por onde, preparei-me, trabalhei honestamente, fui disciplinado, consciente, sério e cultivei hábitos compatíveis com o que faço."**

Merecimento ou arrependimento?

Qual destes dois sentimentos você vai escolher?

Enumere os sacrifícios que tem feito pela carreira de atleta:

IDENTIFICANDO AS CRENÇAS	
CRENÇAS LIMITADORAS	
Perguntas Poderosas	Crenças Limitadoras
A respeito da vida, o que menos acredita?	
A respeito de você, o que menos acredita?	
Que forças internas que existem dentro de você, que você reconhece aqui e agora como grandes impedimentos ou limitações para alcançar os seus sonhos?	
Se você pudesse dar um nome para a sua maior limitação, qual seria este nome?	
O alcance dos seus sonhos depende de quais pessoas?	
A não realização dos seus sonhos provoca ou provocará o que em você? Qual será a sua dor?	
O que pode ser mudado? O que mudaria se soubesse que não iria falhar?	
O que o seu melhor amigo (infância) sugeriria que você fizesse?	
Quais são os seus maiores obstáculos?	
Que pedras poderiam ser retiradas do seu caminho ao sucesso no futebol?	
Qual a causa que dificulta o alcance de suas metas?	
O que você sente muita dificuldade de realizar e que ainda é algo pendente?	
O que o incomoda? Quais os seus problemas que o impedem de ser feliz e alcançar seu objetivo maior?	

IDENTIFICANDO AS CRENÇAS	
CRENÇAS FORTALECEDORAS	
Perguntas Poderosas	Crenças Fortalecedoras
A respeito da vida, o que mais acredita?	
A respeito de você, o que mais acredita?	
Compartilhe comigo, quais são as três coisas que você acredita serem muito importantes e poderosas em sua vida?	
Efetivamente e na prática, o que você vai fazer (não estava fazendo) a partir de agora para ir em direção dos seus sonhos?	

O QUE O INCOMODA?

Defina junto ao atleta quais são seus principais incômodos, ou seja, quais os problemas ou situações que o incomodam bastante.

Em quais área das vida estes incômodos se encontram (profissional, lazer, familiar, saúde, etc)?

Peça ao atleta para pensar numa situação desejada para cada um destes incômodos, ou seja, como seria melhor?

INCÔMODO	ÁREA DA VIDA

COMO EU QUERIA QUE FOSSE - SITUAÇÃO DESEJADA

SE TIVESSE CERTEZA QUE NÃO IRIA FALHAR, O QUE VOCÊ FARIA DE DIFERENTE?

PLANO AÇÃO 5W2H - DESENVOLVIMENTO CARREIRA COM COACHING						
What (O que será feito?)	Who (Quem fará?)	Why (Por que deverá ser feito	Where (Onde deverá ser feito?	When (Quando fazer?)	How (Como fazer?)	How Much (Quanto vai custar?)

7

ATITUDES E COMPORTAMENTOS PARA OS PROFISSIONAIS DO FUTEBOL

Quando se entende que os resultados no futebol dependem das ações e escolhas dos atletas, e que estas estão diretamente ligadas aos pensamentos destes, a máxima "mens sana in corpore sano" faz todo sentido. Daí a necessidade do equilíbrio entre a mente e o corpo.

Os atletas que não possuem esse equilíbrio são enquadrados na lista dos inúmeros "boleiros da bola", atletas de mau comportamento e, como alguns comentam, "aqueles que não têm nada na cabeça ou na mente".

Esses atletas boleiros precisam pensar em mudar já. Caso contrário, poderão seguir o mesmo caminho que alguns craques do futebol brasileiro que estão fora dos gramados, nas manchetes negativas da mídia, na cadeia, em casas de recuperação em função do excessivo uso de bebidas alcoólicas, drogas...

Lembramos que

> o coaching é o processo de transportar atletas de
> onde estão (estado atual) para onde desejam che-

gar (estado desejado), apoiando-os na identificação de comportamentos mais adequados na carreira e na mudança de suas vidas, direcionando seu foco e energia para esse estado desejado.

Dessa forma, o coach esportivo precisa identificar junto ao atleta o seu objetivo maior e as metas necessárias para alcançá-lo. Isto porque, se o atleta não sabe exatamente para onde quer ir, o que fazer e como fazer, as chances de adotar maus comportamentos ou tomar o caminho errado existem e passam a ser uma ameaça para alcançar essas metas e objetivos no futebol. Um atleta sem um objetivo de vida pessoal ou profissional se torna alguém sem foco!

Acreditamos que para a renovação do futebol brasileiro se faz necessária uma mudança de atitudes e comportamentos dos profissionais desse esporte. E como o coach esportivo é o *personal trainer* da mente, ele pode apoiar e orientar os atletas nessa mudança comportamental, através da elaboração da sua visão e missão profissional, da identificação e desenvolvimento das suas competências (técnicas e comportamentais) e do desenvolvimento do controle emocional.

Gestão por competências

Infelizmente, a maioria dos dirigentes e treinadores dos clubes de futebol do Brasil está preocupada apenas com a competência técnica dos seus atletas.

Vamos refletir!

Será que estamos 100% satisfeitos com os comportamentos dos nossos profissionais e atletas no clube?

Os resultados no clube poderiam ser melhores?

Alguns comportamentos dos nossos profissionais estão nos desviando do caminho do sucesso?

Se as respostas não são as melhores ou aquelas que esperávamos, o que está faltando para nossos atletas chegarem lá? Competência comportamental!

Então, sugerimos aos clubes uma gestão por competências para conduzir os profissionais a atingirem suas metas e objetivos no futebol, por meio das competências técnicas e comportamentais.

Entendemos por gestão por competências a ferramenta que auxilia os clubes a enxergar o que eles precisam buscar e treinar em seus atletas. Ou seja, uma gestão para garantir que os atletas tenham os conhecimentos, as habilidades, as atitudes e os comportamentos alinhados aos princípios do clube.

Na gestão por competências, precisamos gerenciar essas duas competências, e não apenas a competência técnica dos atletas.

Indicadores comportamentais

Os atletas apresentam o tempo todo indicadores de competências comportamentais através de seus comportamentos diários. É fato que nem sempre esses comportamentos são adequados: alguns precisam ser melhorados, outros desenvolvidos.

E o nosso grande desafio é identificar e mensurar essas competências comportamentais, já que estas não podem ser investigadas nos currículos desses atletas.

Saber identificar comportamentos é o que garantirá mais foco e menos subjetividade ao Processo de Gestão por Competências. Esses comportamentos serão considerados como indicadores comportamentais.

Seguem as 15 competências comportamentais (atitudes) e alguns indicadores comportamentais essenciais aos atletas x posição associados a essas competências do clube:

Competitividade
(Posições: laterais, zagueiros, meias e atacantes)

- Desenvolver todos os fundamentos da bola;
- Jogar em mais posições (ser polivalente).

Confiança
(Posições: goleiros, laterais, zagueiros, meias e atacantes)

- Ser positivo;
- Acreditar no seu potencial como atleta.

Controle emocional
(Posições: goleiros, laterais, zagueiros, meias e atacantes)

- Saber jogar sob pressão;
- Evitar uma reação emocional que prejudique a equipe.

Coragem
(Posições: goleiros, laterais, zagueiros, meias e atacantes)

- Sacrificar-se pela carreira;
- Dividir bolas com vontade.

Criatividade
(Posições: meias e atacantes)

- Realizar jogadas geniais;
- Saber driblar os adversários.

Determinação
(Posições: goleiros, laterais, zagueiros, meias e atacantes)

- Nunca se acomodar, buscar se superar todos os dias;
- Manter-se sempre focado rumo às metas e objetivos.

Disciplina:
(Posições: goleiros, laterais, zagueiros, meias e atacantes)

- Ser assíduo e pontual nos treinamentos;
- Evitar ingestão de bebidas e drogas.

Foco no resultado:
(Posições: goleiros, laterais, zagueiros, meias e atacantes)

- Ter muita vontade, garra, raça e luta;
- Cumprir orientações táticas determinadas pelo treinador.

Liderança:
(Posições: goleiros e zagueiros)

- Transmitir energia e motivação para a equipe superar obstáculos;
- Criar um ambiente de trabalho favorável ao seu desenvolvimento e da equipe.

Maturidade:
(Posições: zagueiros)

- Desarmar os adversários sem falta;
- Jogar duro e na bola.

Persistência:
(Posições: meias e atacantes)

- Nunca desanimar;
- Aprender com os erros.

Personalidade:
(Posições: meias e atacantes)
- Saber se posicionar dentro de campo;
- Chamar a responsabilidade para si.

Relacionamento interpessoal:
(Posições: goleiros, laterais, zagueiros, meias e atacantes)

- Buscar a união e integração da equipe;
- Respeitar colegas, árbitros e adversários.

Responsabilidade:
(Posição: Goleiro)

- Saber jogar com os pés;
- Evitar driblar os adversários.

Trabalho em equipe:
(Posições: goleiros, laterais, zagueiros, meias e atacantes)

- Evitar a individualidade;
- Ser bom de grupo e se entrosar facilmente.

Diferença entre atitude e comportamento

É fundamental o entendimento da diferença que existe entre atitude e comportamento. Esta poderá ser a chave para a mudança comportamental no futebol.

É sabido que comportamento e atitude não são a mesma coisa, mas se relacionam de maneira importante.

Sua atitude é um pensamento interno ou crença que você tem sobre o mundo ao seu redor, podendo ser positiva, negativa ou neutra, de acordo com as pessoas, lugares ou coisas. É a intenção, o querer fazer.

O comportamento é uma manifestação física, uma forma de mostrar às pessoas suas atitudes; é a ação.

Logo, as mudanças em seus comportamentos e atitudes devem ser feitas ao mesmo tempo, pois um influencia o outro significativamente.

Exemplo da diferença entre atitude e comportamento:

Um atleta de futebol, na véspera de uma decisão de campeonato, foi convidado para uma festa daquelas. Vamos às possíveis reações/comportamentos desse atleta:

1. Agradeceu pelo convite, mas não foi à festa;
2. Foi à festa, ingeriu muita bebida alcoólica e voltou para casa bem tarde;
3. Foi à festa, mas não ingeriu bebida alcoólica porque havia muitos torcedores do clube presentes;
4. Foi à festa, mas não ingeriu bebida alcoólica por acreditar que é o certo para a carreira.

Conclusão sobre as respostas do atleta quanto ao convite:

• Na essência, tivemos quatro comportamentos: aquele que foi à festa, aquele que não foi à festa, aquele que não ingeriu bebida e aquele que ingeriu bebida;

• Para os mesmos comportamentos de ir à festa e não ingerir bebidas, duas atitudes diferentes do atleta foram adotadas: não bebeu porque estava sendo vigiado pelos torcedores (3) e não bebeu porque é um comportamento congruente com a carreira de atleta (4);

• A gestão de competências comportamentais no clube foca e deseja esses dois comportamentos (não ir à festa e não ingerir bebida);

• Do que precisamos? De mudança de atitude dos profissionais e atletas!

• E, para isso, percebemos a importância da insistência na explicação dos porquês daquele comportamento, auxiliando no desenvolvimento das atitudes do atleta;

É bom lembrar que as atitudes têm origem nos valores pessoais e são materializadas através de comportamentos observáveis.

Comportamentos que prejudicam os atletas

Seguem alguns exemplos de maus comportamentos adotados por jogadores de futebol:

• Faltar ou chegar atrasado aos treinamentos e concentrações;

• Agredir adversários e colegas de trabalho com pontapés, gestos ou palavras;

• Passar noites em farras, prejudicando o descanso;

• Chegar aos treinos ou concentrações embriagado ou sob efeito de droga;

• Ingerir bebidas alcoólicas e drogas;

• Cometer atos preconceituosos e de racismo;

• Discutir com colegas ou adversários;

• Insultar repórteres durante entrevista coletiva;

• Reclamar com veemência;

• Receber cartões amarelos e vermelhos com frequência;

• Faltar com o respeito à camisa que veste, aos companheiros, treinadores, dirigentes do clube e torcida;

- Fazer ofensas sérias;
- Cometer outras indisciplinas dentro e fora dos gramados.

Para reflexão:

Qual a intenção positiva com a adoção desses maus comportamentos? O que o atleta está ganhando com isso?

Esses comportamentos adotados estão congruentes com as metas e objetivos traçados pelo atleta? Esses comportamentos estão desviando o atleta do seu caminho rumo ao sucesso?

A mudança comportamental

Assim, a proposta para os que entendem e se comprometem em mudar é adotar reflexões críticas, reavaliando crenças, padrões de pensamentos (para estados mentais mais ricos de recursos) e comportamentos como meio de preservar sua qualidade de vida, sua identidade como pessoa e o seu espaço no esporte.

Em seguida, o desafio é identificar e mensurar junto aos atletas alguns comportamentos que os estão desviando do caminho do sucesso no mundo da bola, fazendo-os perder o foco.

Mudança de atitude

Todos nós queremos ter uma vida feliz e sabemos que, se adotarmos uma atitude positiva, o retorno será melhor que com uma atitude negativa. Mas, por muitas razões e situações de vida, todos nós, em alguns momentos, somos afetados pelas atitudes negativas que tomamos. Então, o que podemos fazer para tornar as atitudes positivas um hábito no nosso dia a dia?

Podemos implantar hábitos mais assertivos, capacitadores e alinhados com os nossos desejos e expectativas, sendo necessárias força de vontade e autodisciplina.

Lembrando que "Atitude é uma norma de procedimento que leva a um determinado comportamento. É a concretização de uma intenção ou propósito".

Seguem algumas atitudes que diferenciam os atletas de sucesso:

- Têm paixão pelo futebol;
- São conscientes da necessidade de serem dedicados e determinados;
- São persistentes (uma das atitudes do atleta que o leva a manter foco no objetivo, mesmo nas maiores dificuldades);
- São conscientes da necessidade de adotarem apenas os comportamentos dignos de esportistas;
- Têm alto-astral e uma visão positiva da vida;
- Têm foco para alcançar suas metas e objetivos, usando bem o seu tempo e colocando toda a energia naquilo que é verdadeiramente significativo para eles;
- Aprendem com erros próprios e dos outros, não valorizam as situações negativas (as pessoas bem-sucedidas falharam em média sete vezes, antes de se saírem bem);
- São flexíveis e resilientes (capacidade de superar os limites);
- São conscientes da necessidade de identificação dos pontos fortes e fracos para desenvolvimento;
- Têm os pés no chão, não deixando de ser humildes;
- Acreditam no seu poder interior;
- Precisam se relacionar para conviver bem.

Além dessas, existem duas atitudes importantes na vida e no trabalho que devem estar presentes no cotidiano do atleta: o arrependimento e o merecimento.

Arrepender-se do que não fizemos ou do que fizemos mal: "Ah, se eu tivesse me cuidado mais..."; "Ah, se eu tivesse agido de outra forma...". Vamos diferenciar remorso de arrependimento. O remorso corrói, arruína e traz sofrimento, enquanto o arrependimento nos leva a uma mudança de comportamento. É uma volta de 180° – a correção do caminho. O arrependimento é a tomada de consciência de que me desviei do caminho.

O merecimento é a consciência boa e construtiva que me permite dizer: "Fiz e mereço. Eu mereci o que conquistei porque fiz por onde, preparei-me, trabalhei honestamente, fui disciplinado, consciente, sério e cultivei hábitos compatíveis com o que faço".

Atletas conscientes dessas atitudes estão bem orientados, porém a decisão é sempre do indivíduo. Quantos têm consciência de que a fama e a fortuna são resultado do treinamento árduo, disciplinado, que exige muita determinação, entrega e compromisso? O quanto você, atleta, ou pessoa que está lendo este livro, tem se preparado para alcançar um determinado objetivo, uma meta, com entrega total? No caso dos atletas, com entrega total ao aperfeiçoamento das técnicas, muitas vezes com treinos exaustivos, com muito sacrifício?

Logo, como a atitude é uma intenção de se comportar de certa maneira e o comportamento é ação, podemos concluir que as mudanças dos atletas se iniciarão a partir de atitudes positivas e congruentes com os seus objetivos no esporte, ou seja, entendendo o que é bom e o que é mau para a sua carreira.

Dessa forma, as mudanças comportamentais desses profissionais serão possíveis para o bem do nosso futebol.

Técnica dos 5 porquês

Faz-se necessária a utilização da Técnica dos "5 porquês" para quando um atleta adotar um comportamento inadequado para sua carreira, visando à sua conscientização e à não reincidência na adoção desse comportamento.

Alguns conceitos

CHA = Conhecimento – Habilidade – Atitude

Competência: é um conjunto de conhecimentos, habilidades e atitudes que afetam a maior parte do trabalho de uma pessoa e que se relacionam com o seu desempenho no trabalho. Significa capacidade, habilidade, aptidão.
Competência técnica = Conhecimento + Habilidades.
É tudo que o profissional precisa saber para desempenhar a sua função no clube.
Competência comportamental = Atitude.
É tudo que o profissional precisa demonstrar como diferencial competitivo e que causa impacto em seus resultados (criatividade, personalidade, foco em resultados, determinação, dedicação, liderança, entre outras).

Conhecimento: é o saber, as informações que recebemos através da aprendizagem (na escola, na universidade, nos livros, no trabalho).

Habilidade: é o saber fazer, é tudo o que utilizamos dos nossos conhecimentos no dia a dia.

Atitude: é o querer fazer, é o que nos leva a exercitar a nossa habilidade de um determinado conhecimento. É uma maneira organizada e coerente de pensar, sentir e reagir em relação a pessoas e acontecimentos ocorridos em nosso meio circundante.

Comportamento: é o conjunto de atitudes e reações do indivíduo em face do meio social. É um hábito que deve ser criado ou inserido nas pessoas.

Exemplo prático do CHA

Imagine um atleta talentoso, com muita habilidade com a bola, que conhece tudo de futebol, porém está fora dos gramados por mau comportamento.

Ele possui conhecimento e habilidade, mas falta a ele atitude positiva. O CH sem A de Atitude não é Competência (CHA).

Outro exemplo: aquele atleta conhecedor das regras do futebol e das dificuldades da carreira, com talento e dom, com muita habilidade com a bola, com todo potencial sendo intensificado e desenvolvido e bem consciente das suas metas como atleta (atitudes positivas).

Temos aí o CHA completo, ou seja, toda a competência necessária para o sucesso na carreira futebolística.

Para reflexão:

Quando um atleta não sabe exatamente para onde ir nem seus motivos, a chance de adotar um mau comportamento ou tomar um caminho errado existe e passa a ser uma ameaça para o alcance de suas metas e objetivos no futebol.

Isso significa que ele não vai ter foco!

Metas são o alicerce do coaching, porque nos movem para a ação e aos bons comportamentos.

8

ENTREVISTAS E DEPOIMENTOS DE EX-ATLETAS E PROFISSIONAIS DA BOLA – FUTEBOL & COACHING

Entrevistas

Marquinhos Mineiro, ex-atleta profissional

Marquinhos tornou-se um profissional do Clube Atlético Mineiro em 1987, onde permaneceu até 1991. Em 1993 e 1994, jogou no Internacional de Porto Alegre, de onde foi transferido para o Cerezo Osaka, do Japão. Após três anos, retornou para o Atlético Mineiro. Em 1998, jogou por quatro meses no América/MG, onde encerrou sua carreira.

Durante a trajetória nas categorias de base, sua maior dificuldade era conciliar os estudos com o futebol. Tinha que estudar à noite. Chegava a sua casa muito tarde e acordava muito cedo para ir treinar.

Quando se tornou jogador profissional, teve algumas dificuldades, e a maior foi com relação ao ganho de peso: por ter muita facilidade de engordar, precisou fazer um controle mais rígido e, em alguns momentos, deixava de tomar café da manhã antes do treinamento, o que é um grande erro.

Em momento nenhum pensou em outra carreira que não fosse a de se tornar jogador de futebol profissional. Passou toda a infância em busca desse sonho, dedicou toda a sua infância e adolescência treinando e jogando nas categorias de base. No entanto, ele comenta que o fator sorte foi crucial para ter conseguido o sucesso em sua carreira, ao contrário de vários amigos, companheiros de clube, que se dedicaram da mesma forma que ele no futebol, mas não obtiveram êxito na carreira, e o mais agravante disso tudo, ficaram sem alternativa na vida, pois não tinham se preparado para exercer outra profissão.

Para Marquinhos,

> se o jovem tem potencial, precisa se dedicar muito, mas muito mesmo, pois a concorrência é grande e só quem se dedica mais pode conseguir seus objetivos. O estudo é fundamental, pois se o sonho não se concretizar existe outro caminho, outra carreira previamente construída.

Sobre o atual modelo de formação dos jovens nas categorias de base, ele diz:

Eu, por exemplo, se tivesse condições e recursos financeiros, como um dono de clube de futebol, em se tratando da formação dos jovens jogadores, trabalharia o lado psicológico dos garotos, fazendo um acompanhamento de perto na formação e educação deles. Já vimos diversos garotos de muito potencial, mas que não tiveram estrutura familiar nem suporte do clube e, assim, perderam uma grande chance de se tornarem jogadores.

O ex-atleta prossegue:

> tem outra coisa, como ex-atleta profissional vejo que muitos dos comportamentos inadequados fizeram

> com que vários colegas se encontrem, hoje, em uma situação difícil. Acredito que isso é decorrente da falta de planejamento do futuro. Muitos de nós só vive o momento e não fica pensando no amanhã. É como se a gente não tivesse consciência de que um dia isso tudo vai acabar. Faltou estrutura emocional e familiar.

Marquinhos fala ainda sobre a responsabilidade social dos clubes de futebol. "É algo inexistente, no sentido de dar apoio àqueles ex-jogadores que um dia já foram ídolos. Isso tudo é cultural". Na verdade, a responsabilidade social é um termo relativamente novo, usado no meio empresarial, que ainda se concentra muito nas grandes empresas, faltando ser estendido para as micros, pequenas e médias empresas e para outros setores da sociedade, inclusive os clubes de futebol. Existem relatórios interessantes a respeito da responsabilidade social que orientam as empresas na elaboração de projetos socioambientais e possibilitam a realização de atividades para a melhoria do bem-estar da comunidade em que estão inseridas. Essas ações visam não somente à comunidade, mas também ao público interno das empresas.

Nesse sentido, ele está certo, pois se criarmos nos clubes a responsabilidade social, iremos dar um passo muito grande para a mudança nas relações existentes nos clubes (ex-jogadores, funcionários, empresários, jogadores, treinadores, gestores, famílias, profissionais liberais e comunidade), ou seja, haverá o envolvimento de todos os *stakeholders*, que nada mais são do que partes interessadas.

É importantíssimo ter um olhar diferente para o nosso futebol. É necessária uma mudança de comportamento, e podemos buscar adaptações em projetos existentes em nossa sociedade, no mundo, e adaptá-los ao futebol - seria o procedimento a se usar no caso da responsabilidade social.

Marquinhos cita outro exemplo a ser considerado a respeito da Europa: vemos nesse continente como os ex-jogadores e ídolos são tratados, com total respeito. São sempre lembrados pelos serviços prestados e recebem ajuda dos clubes. Aqui no Brasil isso não existe.

Para ele,

um processo de coaching de carreira, ou coaching financeiro, no futebol, são o acompanhamento e a orientação necessária ao atleta, para que ele saiba o que fazer com o muito ou com o pouco que ganha. O jovem acredita que vai ganhar para sempre o salário que está ganhando e esquece que muitas surpresas podem acontecer. Então ele tem que guardar o máximo que der e se preparar para, quando parar, poder executar outra atividade.

Ele diz ainda:

Sei de alguns casos de ex-atletas que passam por dificuldades e não têm experiência em outra área. Que ficaram dependendo da ajuda de alguém. Eles sabem que é uma situação humilhante, pois levavam uma vida boa e agora precisam da ajuda financeira de outros.

Segundo Marquinhos,

o Brasil deixou de ser referência mundial em futebol, foi superado em técnica e qualidade por outros países. Sem falar da organização dos campeonatos e do profissionalismo dos clubes. Para chegar a esse nível, precisa de mais investimentos. Investimentos inclusive na mudança da cultura do clube. Investir na formação dos treinadores para que eles tenham conhecimento e não repitam com os jovens das categorias de base os erros que cometeram no seu tempo

de jogador. Esses treinadores precisam saber orientar e ser profissionais confiáveis. Não que não sejam.
Precisam receber mais formação, ter habilidade no
trato com pessoas.

André Figueiredo, ex-atleta e atual gerente das categorias de base do Clube Atlético Mineiro

André Figueiredo é ex-atleta de futebol e, atualmente, gerente das categorias de base do Clube Atlético Mineiro. Como
atleta, tornou-se profissional no clube aos 20 anos e ali ficou
por muito tempo; comprou seu passe e foi jogar em Santa
Catarina. Após uma contusão grave, passou por vários clubes,
encerrando a carreira no Villa Nova, em Nova Lima/MG.

Segundo André,

> a maior dificuldade encontrada nas categorias de
> base foi a distância da família e a pressão constante
> para ter sucesso. E teve também a competição inter-
> na, entre os colegas, cada um querendo aparecer e
> ser melhor do que o outro. Enquanto atleta profis-
> sional, a fase mais difícil foi a recuperação das quatro
> cirurgias a que fui submetido após a lesão (uma no
> tornozelo e três no joelho), suportar a dor e recupe-
> rar a autoconfiança.

Quando chegou ao Atlético Mineiro, André fazia curso de
Administração de Empresas. Já havia a preocupação e iniciati-
va em se preparar para o futuro. Tinha cursado o primeiro ano
e trancou o curso. Com as contusões, percebeu que a carreira
de atleta do futebol poderia ser abreviada, então começou a
fazer cursos voltados para área técnica.

É por isso que sua mensagem para os jovens sonhadores é:
"Nunca deixem de acreditar, mas tenham sempre um plano B".

Perguntado a respeito da formação dos jovens atletas nas categorias de base dos clubes, André diz: "Temos muitos profissionais capacitados nas bases do Brasil. Acredito que o trabalho feito atualmente nos grandes clubes dará muito resultado em breve".

E acrescenta:

> Estou em um clube que investe muito em suas categorias de base. Posso fazer o que sonhei e idealizo para o departamento de futebol de base. O Atlético é um clube que tem profissionais capacitados e uma filosofia de trabalho de formação voltada para o jogador completo, ou seja, físico, técnico, tático e psicológico.

Para ele,

> O desafio é trabalhar os comportamentos inadequados de certos jogadores, comportamentos esses que sem dúvida podem levar à decadência. Essa realidade é comum porque os atletas chegam ao clube com nível de formação muito baixo, sem noção do que é administrar dinheiro, fama, vida social, que chegam muito rápido para nós. Então essa falta de preparo faz com que quem ganhou fortunas as perca pouco depois de encerrar a carreira.

Em sua opinião, "os clubes não devem favor aos ex-ídolos. Eles realizam um trabalho num clube onde foram atletas profissionais, pois têm competência e são remunerados para isso". No caso de ex-jogadores que estão em dificuldades financeiras, ele diz: "O fato é que não souberam administrar sua carreira e sua vida".

Para André, "todos precisam se preparar melhor para o futuro, que é incerto. O processo de coaching pode ajudar, desde que a pessoa se comprometa e se responsabilize pelas próprias escolhas". Ele discorda de outros ex-jogadores que dizem que o Brasil perdeu o prestígio no futebol. Mas é fato que a atual geração da Seleção Brasileira não está preparada para suportar tanta pressão.

André comenta:

> Os poucos investimentos dos clubes em processos de mudança comportamental nos atletas e profissionais dos clubes se devem a um problema socioeconômico. É da cultura brasileira. A mudança depende também de toda a sociedade e não apenas de uma iniciativa do clube.

A seguir, entrevistas com ex-atletas que interromperam a carreira ainda nas categorias de base do Atlético/MG e encontraram o sucesso em outras carreiras profissionais.

Humberto Tomazini

Humberto é um ex-atleta da posição goleiro das categorias de base do Clube Atlético Mineiro, onde permaneceu por cinco anos. Apesar de ter jogado pouco e ter ficado um ano e meio parado por causa de um problema de coluna, teve, segundo ele, uma experiência muito válida enquanto jogador de futebol. Aos 17 anos desistiu do sonho e escolheu outro caminho: dedicar-se aos estudos e buscar outra profissão.

Para Humberto, na sua formação nas categorias de base do clube, a maior dificuldade foi com relação ao planejamento e orientação para o resultado.

Segundo ele,

> se naquela época existisse uma estrutura com diálogo, *feedbacks* com foco no positivo, planejamento e direcionamento da execução com métricas

para se mensurar o desempenho de todos, outros grandes atletas potenciais teriam alcançado o status de profissionais.

Por outro lado, a história de vida de um Humberto difere muito de outras que já conhecemos. Ao contrário da grande maioria, ele tinha estrutura familiar: os pais estabeleciam regras, condições, obrigações, ou seja, com relação ao futebol, ele poderia ir aos treinamentos, jogar, desde que na escola fosse um bom aluno. Não poderia em hipótese nenhuma ser reprovado, e se fosse, estaria fora do futebol. Segundo Humberto, "o lado bom é que sempre gostei da escola, de estudar. Isso para mim foi um processo natural, ter nos estudos uma forma de seguir outra carreira. Meus pais não tinham curso superior e foram mestres em me orientar para o futuro através do estudo".

A decisão por abandonar o futebol e seguir outra carreira profissional foi feita principalmente pela falta de oportunidade de jogar, pela vontade de ver os pais felizes, tendo um filho com curso superior e, principalmente, pela mágoa que o mundo da bola havia lhe causado.

Sobre a formação dos jovens atletas nas categorias de base, ele vê que a "competitividade é muito grande". Tem como opinião que o foco é

ganhar dinheiro e, quase sempre, esquecem como atuar na formação do indivíduo, dando a ele equilíbrio e melhores valores. O primordial é o dinheiro e isso é uma grande ilusão. São muitos os garotos com talento esportivo, com altos contratos envolvendo somas enormes, porém falta um coach para a vida, falta orientação para entender o que precisa ser feito para o hoje e o que precisa ser feito para o futuro, ainda que esse futuro não contemple a carreira de jogador de futebol.

Humberto diz que, se "tivesse condições e recursos financeiros, se fosse dono de um clube de futebol, investiria na formação desses jogadores e na preparação de coaches/professores/treinadores, com foco na orientação para a vida". Ele considera "fundamental ter uma equipe de coaches muito bem preparados, condição que considero essencial para mudar o panorama de hoje".

Outra ação seria trabalhar a autoestima do atleta, para que ele tenha atitudes conscientes perante a vida, seus valores como cidadão sejam defendidos e sua forma de ver o mundo seja cada dia mais consistente e consciente. "Acredito que é isso que pode conduzir um atleta profissional ou qualquer outra pessoa no sentido de ser um vencedor".

Perguntamos a ele quais os comportamentos inadequados de vários ex-atletas que os levaram a uma situação difícil no momento atual. Ele responde:

> Saber escolher o que convém nem sempre é tarefa fácil quando não se tem orientação, estudo, aconselhamento adequado. E é muito importante que se tenham comportamentos e atitudes embasados em fortes valores morais".

Para ele.

> Processo de coaching implantado nas categorias de base dos clubes é fundamental e determinante na formação dos jovens. Apesar de ser um processo que visa a resultados de curto prazo, ele traz ganhos extraordinários em todas as áreas da vida. Ajuda a enfrentar as dificuldades e também dá estrutura para viver e comemorar as vitórias.

Sobre a Seleção Brasileira, ele diz:

> É interessante observar que, por um lado, a Seleção está lá embaixo no ranking da Fifa, mas, por outro, os jogadores estão muito valorizados, a maioria sendo

negociada por quantias altas e colhendo um resultado pessoal muito bom. Esse desequilíbrio gerou falta de foco para que o grupo ganhe, para que a Seleção ganhe. Pessoalmente, todos estão melhores em suas performances, mas os resultados da equipe estão abaixo do esperado. Imagina o quanto estariam valorizados caso a Seleção estivesse bem? Eles conseguem perceber isto? Eles precisam de coaching. Para o futebol brasileiro recuperar o prestígio, é necessário preparar a comissão técnica, os jogadores e todos os envolvidos. Batemos na tecla de que todos devem estar alinhados com o resultado.

Infelizmente, os clubes investem pouco em processos de mudança comportamental. Existe a crença de que mudar de comportamento não é fácil e nem é rápido, sendo poucos aqueles que têm a capacidade de acelerar em si e nos outros uma mudança rápida. Como os jogadores hoje trocam muito de clube e às vezes ainda muito novos, o investimento não teria muito sucesso e não traria retorno aos clubes, pois é a isso que eles visam em curto prazo. Para se mudar o modelo mental, precisamos de um pouco mais de tempo e pessoas que queiram fazer essa mudança. Primeiro tem que mudar o modelo mental dos dirigentes, depois dos gerentes de futebol, até chegar na comissão técnica e nos jogadores.

Uma mensagem que deixo para aqueles que querem se tornar um Ronaldinho Gaúcho é: sempre acredite no sonho, mas que este seja vivido com intensidade e equilíbrio, amor e respeito. Procure sempre ter comportamento adequado na vida, nos treinos e no campo de jogo.

Saiba escolher bem a semente que será plantada, pois o fruto a ser colhido é de inteira responsabilidade de quem plantou.

Ivan Manso Guedes

Ivan Guedes iniciou sua carreira no mundo do futebol, aos 12 anos. Natural de Mar de Espanha, mudou-se para o Rio de Janeiro, na tentativa de jogar em um dos grandes clubes cariocas. Ingressou no Vasco da Gama aos 12 anos e, aos 14, conseguiu uma oportunidade de jogar pelo Flamengo.

Por morar longe da família e não ter nenhum tipo de apoio do clube, teve que se virar sozinho. Em um primeiro momento as coisas estavam correndo bem, morava em uma república de amigos da cidade natal, mas, depois de um período, por motivos de força maior, teve de se mudar, e passou a ter como única opção morar na concentração do clube. O problema é que não havia garotos da sua idade morando lá, a estrutura era mínima e inexistia apoio de profissionais que pudessem orientá-lo. A solução encontrada por ele foi voltar à sua cidade natal e largar o sonho de ser jogador de futebol.

Em 1985, resolveu tentar novamente e fez um teste no Clube Atlético Mineiro, onde foi aprovado e permaneceu durante quatro anos. Em 1989, resolveu parar e dar continuidade a outro projeto de vida.

Para ele, "as maiores dificuldades encontradas durante a formação foi a falta da família e a saudade da cidade natal". Disse ainda:

> Sou filho criado com avó e, para vir para Belo Horizonte, as dificuldades foram muito grandes. Inclusive, por alguns anos, parei de estudar. Muitas vezes pensei em interromper a carreira e largar o futebol porque fui mal orientado emocionalmente nesse período. Meu pai sentia muito a minha falta e me queria sempre em casa. Isto atrapalhava muito a minha sequência no clube, meu foco e dedicação à carreira.

Para Ivan, a decisão de parar de jogar aconteceu pelas muitas desilusões que teve com o futebol: a falta de estrutura dos clubes, a ausência dos familiares, a precariedade e a falta de preparo dos profissionais. Esses foram alguns dos fatores que fizeram com que desistisse da carreira. Ele diz:

> Naquela época havia pouca estrutura e poucos profissionais competentes para lidar com garotos que sonhavam em ter um futuro melhor e nunca tiveram base em casa. Hoje, o futebol está num outro patamar. Se o atleta faz um bom jogo já é tido como craque, seu valor de venda sobe um absurdo e ele é endeusado.

Em outro momento, ele comenta sobre a necessidade de profissionais dentro dos clubes que deveriam orientar os atletas a focar a carreira, com apoio da família e sem influência de "amigos" que somente querem tirar proveito. Segundo Ivan,

> o principal fator que cria os comportamentos inadequados dos boleiros e daqueles ex-jogadores que hoje se encontram em situação difícil na vida é a falta de orientação básica da família, e também a falta de alguém no clube em condições de acompanhar e orientar a formação do atleta, além dos falsos amigos que só querem explorar e levar o jogador para o buraco.

Ivan reforça ainda a necessidade de se fazer um trabalho através do coaching. Ele acha que

> esse processo poderá mudar para melhor o meio do futebol, que é muito complexo. A grande maioria dos que apostam no futebol vem de famílias pobres e sem qualquer condição de dar uma estrutura pessoal aos filhos. A proposta de coaching objetiva que todo atleta tenha um plano B para continuar em uma profissão após "pendurar a chuteira".

E, para aqueles que querem ser um Ronaldinho Gaúcho sua mensagem é:

> O primeiro passo é ter fé e perseguir o sonho com o pé no chão, consciente de que, para ser um profissional vencedor no futebol, o caminho será difícil, cheio de sacrifícios e que não adianta ser só bom de bola, existem vários outros fatores muito importantes para obter o sucesso: comprometimento, dedicação, humildade e, principalmente, a consciência de que pode dar errado e, mesmo dando errado, não alcançando a realização do sonho, a vida tem que continuar.

9

AGAP E ALGUMAS
HISTÓRIAS DO FUTEBOL

Associação de Garantia ao Atleta Profissional de Minas Gerais (Agap-MG)

A Federação das Associações de Atletas Profissionais (Faap) representa o Sistema de Assistência Complementar ao Atleta Profissional. Tem sede em Brasília e é presidida por Wilson Piazza, tricampeão mundial e ex-atleta do Cruzeiro. A ideia foi criar um sistema de assistência social e educacional para os atletas profissionais, visando à sua profissionalização alternativa e readaptação ao exercício de uma nova atividade.

Em 13 de dezembro de 1976, a associação foi desmembrada para os estados da Federação. Em Minas Gerais, passa a ser chamada de Agap-MG, Associação de Garantia ao Atleta Profissional do Estado de Minas Gerais, uma instituição civil sem fins lucrativos, com o objetivo de prestar assistência complementar aos atletas profissionais em formação e aos ex-atletas de futebol. Um dos principais objetivos é desenvolver ações socioeducativas – formação escolar contemplando bolsas de estudo no ensino fundamental e médio, como também no nível regular ou supletivo, viabilizando ainda cursos profissionalizantes, preparatórios e ensino superior.

Outra ação desenvolvida pela instituição é mostrar aos atletas profissionais que a carreira de jogador de futebol é curta, e muitas vezes é interrompida prematuramente por uma contusão grave, por exemplo. Nesse sentido, a Agap-MG procura dar todo tipo de apoio logístico ao atleta. O objetivo, nesse caso, é despertar nele a consciência de que deve procurar formas alternativas de vida, através da educação, com cursos de qualificação.

Infelizmente, ainda são poucos os profissionais do futebol que conhecem o trabalho desenvolvido pela Agap-MG. A grande maioria não se interessou em procurar saber quais os benefícios e quais os projetos são desenvolvidos pela instituição. O resultado disso tudo é uma desinformação total e, consequentemente, um esvaziamento de toda a estrutura. A falta de recursos financeiros inviabiliza um trabalho mais consistente, do qual todos os jogadores poderiam se beneficiar muito.

Como disse o presidente da Agap Wilson Piazza, em uma entrevista, "apesar de fazerem parte de um esporte associativo, eles não pensam no 'espírito associativo', não pensam na categoria, só pensam de maneira individualizada". Ou seja, os atletas que não ajudam ou não têm conhecimento do que acontece no órgão olham apenas para o próprio umbigo, não têm consciência do outro e muito menos da sua própria sorte, que poderá virar.

Com mudanças na legislação, no ano 2000, a responsabilidade pela assistência social e educacional aos atletas profissionais, ex-atletas e aos em formação passou para a Faap.

Entrevista com Wilson Piazza, Ex-Atleta do Cruzeiro e da Seleção Brasileira e Presidente da Agap

Coach: Qual a maior dificuldade da Agap nos dias atuais?

Piazza: A maior dificuldade é ter os recursos financeiros necessários ao desenvolvimento das ações do Sistema de Assistência Complementar aos Atletas e Ex-Atletas Profissionais. Outra dificuldade se refere à falta de interesse da própria categoria na participação e fortalecimento do Sistema.

Coach: Quantos ex-atletas profissionais do futebol estão associados a todas as Agap em todo o Brasil?

Piazza: Entre atletas e ex-atletas profissionais recadastrados, contamos com 7.870 filiados.

Coach: Quais são as maiores necessidades desses ex-atletas profissionais do futebol associados à Agap? Que auxílio eles buscam?

Piazza: Já que o maior número de associados está definido pela situação de ex-atletas, temos observado que essas necessidades variam de acordo com as regiões. Por exemplo, no Nordeste estão relacionadas mais à parte de saúde e alimentação. Já em outras regiões, a exemplo da Sudeste, concentram-se na busca de qualificação alternativa para atuação no próprio meio, especialmente na área de Educação Física (profissionais provisionados), além da assistência social prestada em nível de restabelecimento do vínculo previdenciário.

Coach: Quantos atletas do futebol em atividade estão associados à Agap nos dias atuais? Como a Agap avalia esse número de inscritos?

Piazza: Os atletas em atividade representam uma parcela mínima no quadro de associados. Geralmente, os que se filiam atuam em clubes do interior. Como já dissemos anteriormente, não há uma união da classe em torno do Sistema.

Coach: Os clubes de futebol dão alguma ajuda a esses ex-atletas que um dia já foram ídolos nos clubes?

Piazza: Pouquíssimos clubes se voltam a esse tipo de apoio, mas existem exceções, como é o caso do Cruzeiro Esporte Clube, que mantém convênio com a Agap-MG para atender a essas necessidades.

Coach: Que benefício da Agap a esses ex-atletas necessitados vocês consideram o mais poderoso, o de maior resultado social?

Piazza: O maior e, digamos, principal benefício é aquele voltado à qualificação profissional e readaptação ao mercado de trabalho, através da concessão de bolsas de estudo em nível fundamental e médio, profissionalizantes e ensino superior.

Coach: Na sua opinião, quais são os comportamentos inadequados que fizeram com que vários ex-atletas se encontrem em situações difíceis na vida?

Piazza: A falta de consciência sobre a atividade de curtíssimo período, pela perda de melhor condição física, a antecipação desse tempo através das contusões que resultam em sequelas que afetam até mesmo a vida particular. Além disso, o atleta não tem uma visão presente e futura da atividade, pois só consegue enxergar o presente. Eles não veem o futuro, o que ocasiona um desajuste social sem precedentes. Tudo isso aliado a uma falta de estrutura familiar, ficando a vida deles entregue a muitos oportunistas (empresários, procuradores etc.).

Coach: O que faltou para os ex-atletas estarem em condições financeiras melhores após o encerramento da carreira de jogador de futebol profissional?

Piazza: A consciência e melhor preparação para o exercício da atividade, como citamos na resposta anterior. Aqui no Brasil, o que falta, também, é uma maior definição do que seja um clube profissional, pois a grande maioria não passa de "amadores". Aí podemos dizer que "o futebol arruma a vida de poucos e desarruma a de muitos".

Coach: Você acredita que o Processo de Coaching durante a carreira de futebol possa ser fundamental e determinante para uma nova fase na vida profissional do atleta após o encerramento da carreira de jogador de futebol?

Piazza: A princípio sim, mas é necessário que o atleta tenha uma visão da importância do processo de coaching em sua vida e esteja estruturado e qualificado para isso.

Coach: Como é a vida do ex-atleta de futebol profissional que busca auxílio da Agap?

Piazza: Normalmente, o que observamos é que a vida dele quando atleta profissional não trouxe resultados financeiros que lhe permitisse usufruir de uma situação econômico-financeira razoável no pós-carreira. A maioria tem uma vida simples, às vezes, faltando- lhes a própria cidadania, a dignidade, e sem perspectivas pela falta de qualificação profissional alternativa, que é a principal proposta do Sistema.

Coach: Os atletas de futebol em atividade buscam algum tipo de auxílio ou alguma orientação profissional?

Piazza: Independentemente de serem filiados, eles têm conhecimento da existência da instituição, mas raramente se integram a esse trabalho no sentido de buscar alguma orientação que venha a lhes proporcionar maior tranquilidade no exercício da atividade. Muitos preferem confiar nos procuradores a confiar na entidade que pode orientá-los.

Coach: Na opinião da Agap, o que poderia ser feito para minimizar esse problema social que se tornou a grande quantidade de ex-atletas necessitados de algum tipo de auxílio?

Piazza: Primeiro, ter um Sistema de Assistência fortalecido, com participação dos poderes constituídos, principalmente o Executivo e o Legislativo, e da própria categoria. O sistema está bem estruturado para dar suporte à classe e tem condições de desenvolver melhor suas ações e propostas com a efetiva participação dos atletas e ex-atletas e dos órgãos governamentais. Apesar de fazerem parte de um esporte associativo, eles não pensam no "espírito associativo", não pensam na categoria, só pensam de maneira individualizada. Ainda, ter uma legislação que permita a arrecadação e contar com a participação do governo, que tem sido omisso, em que pese a legislação distinguir o chamado apoio supletivo (artigo 7°, inciso VII da Lei Pelé).

Wilson da Silva Piazza

Presidente da Faap – Federação das Associações de Atletas Profissionais e Presidente da Agap/MG

Outubro/2012

10.

CONCLUSÕES DO AUTOR

A minha passagem pelo futebol, entre 1983 a 1989, atuando como atleta nas categorias de base, do Infantil ao Júnior, e com uma breve passagem pelo profissional do Clube Atlético Mineiro, me possibilitou conhecer todas as situações do futebol apresentadas neste livro.

Estive muito próximo do sucesso ao fazer parte do elenco profissional do Clube Atlético Mineiro, em 1987. Enquanto estava junto aos atletas profissionais, vários deles já com passagem pela Seleção Brasileira, tive quase todas as emoções que os jovens gostariam de sentir ao alcançar o sucesso nessa carreira. Portanto, sei o que passa pela cabeça desses jovens sonhadores.

Porém, tomei a decisão de interromper a carreira no futebol, mudando completamente o meu futuro profissional. Tornei-me um engenheiro mecânico, graças à minha família, que sempre me apoiou e me conscientizou da necessidade de estudar. Ao contrário de muitos jovens, tive a felicidade de nascer em uma família estruturada e, hoje, sou um profissional extremamente satisfeito e reconhecido no mercado.

Caso tivesse tido a oportunidade de participar de algumas sessões de coaching para orientar-me naquela época, acredito que poderia ter tomado essa decisão de forma mais fundamentada. Tinha apenas 19 anos, o sonho de me tornar atleta profissional e, como estava com os estudos em dia, quando tomei a decisão de parar com o futebol não tive dificuldades de direcionar a minha carreira para outra profissão.

Com certeza, estou entre os poucos que conseguem tomar essa difícil decisão, talvez acertada. Daí a necessidade de aumentarmos essa estatística, dando novas chances e oportunidades a outros jovens de mudar o seu futuro através do processo de coaching.

Como profissional certificado em coaching, estou tendo a oportunidade de retornar ao futebol, onde, tenho certeza, poderei apoiar e ajudar muitos garotos, auxiliando-os rumo ao sucesso profissional.

A mensagem que gostaria de deixar aos jovens atletas é que a trajetória no futebol é cheia de obstáculos, e a carreira, muito curta. Que tenham bastante determinação, persistência e acreditem nos seus sonhos com o futebol. Porém, é possível e necessário conciliar o futebol com os estudos.

Não podemos continuar permitindo que nossos adolescentes cheguem aos 20 anos sabendo apenas jogar futebol.

As categorias de base dos clubes

As categorias de base dos clubes de futebol são relegadas a um plano inferior quando comparadas aos times profissionais. E isso se percebe na qualificação dos profissionais que são colocados para orientar, preparar e treinar essas equipes.

No Brasil, são poucos os treinadores de categoria de base preocupados com o futuro profissional da equipe. Todos vivem o presente e buscam apenas o resultado da competição;

querem encontrar aquele que vai ser o craque e participar do time titular. A visão é de curto prazo.

Na maior parte dos casos, ex-jogadores, sem qualificação ou preocupação educacional, pedagógica ou psicológica, utilizam a sua história de vida como meio para ensinar seus pupilos. Sem dúvida, a experiência prática é muito importante, e acredito que ex-jogadores possam entender mais de futebol do que qualquer outra pessoa, embora não seja uma regra. Mas somente ter sido jogador não capacita a pessoa a formar atletas. A função e a responsabilidade desses professores são muito maiores do que entender de futebol, já que eles servem de espelho para adolescentes que deixam seus lares muito novos e perdem a figura paterna, depositando toda a esperança de vida na prática daquele esporte.

A proposta é que ex-atletas invistam na formação e aprendam como exercer uma função tão importante, que é a preparação das categorias de base. Afinal são eles que irão influenciar e educar esses futuros cidadãos.

Ricardo Policarpo de Oliveira
Coach esportivo e autor

11

DEPOIMENTOS DE OUTROS PROFISSIONAIS DA BOLA SOBRE O COACHING

Nos dias 04 e 05 de agosto de 2012, a equipe do Instituto Brasileiro de Coaching esteve hospedada na cidade do Galo, o centro de treinamento que é referência mundial, para realizar o treinamento Leader Coach Training (LCT) com os profissionais do Atlético Mineiro.

A turma, formada por treinadores, auxiliares, técnicos, preparadores físicos, fisioterapeutas, psicóloga, assistente social, nutricionista, supervisores, coordenadores e gestores das categorias mirim, pré-infantil, infantil, juvenil e júnior pôde contar com o que há de melhor em termos de conceitos, técnicas e ferramentas do coaching esportivo e liderança.

A formação agregou valor aos profissionais responsáveis pelos garotos que compõem a categoria de base do Galo. O objetivo foi desenvolver e aprimorar a performance e conduta dos participantes, por meio da metodologia do coaching, para que estes sejam capazes não só de treinar atletas, como também jovens cidadãos e seres humanos em busca de sucesso.

O treinamento coordenado pelo master coach Ricardo Policarpo não visou apenas alcançar resultados dentro de campo e títulos, mas também transformar, de forma extraordinária, a vida profissional e pessoal dos líderes e, consequentemente, dos jovens atletas do clube.

Depoimentos sobre a Participação no Leader Coach Training, realizado na Cidade do Galo / CT do Clube Atlético Mineiro

Sinceramente, fiquei encantado com o que vi...
Dadá Maravilha, ex-atleta profissional

Tivemos uma experiência fantástica com treinamento de Coaching. Dias de grandes conhecimentos e muita informação. Com certeza, vai mudar minha vida daqui pra frente. Técnicas e ferramentas que nos permitiram aprender mais e fazer coisas diferentes. Ousar fazer diferente é um dos lemas que aprendemos, e acredito que daqui pra frente todos que participarem do Leader Coach Training no Clube Atlético Mineiro vão ousar fazer diferente.

André Figueiredo, gerente das Categorias de Base do Clube Atlético Mineiro

Já aprofundamos alguns conhecimentos de coaching, e o curso deu início a ideias novas, de noção de liderança. Como trabalhamos na comissão técnica, vamos colocar em prática várias coisas que aprendermos, e evidentemente o ganho será enorme tanto para os atletas quanto para o clube.

Mauro Sérgio, coordenador Técnico das Categorias de Base do Clube Atlético Mineiro

Adquiri muitos conhecimentos tanto para a vida profissional quanto para a pessoal, conheci melhor meus companheiros de trabalho. Fiz várias dinâmicas para poder entender melhor e me conhecer como pessoa. Aprendi muito e acredito que esse curso vai agregar muitos valores à minha carreira profissional, principalmente para atuar na minha área como treinador de garotos em formação, para poder orientar e trabalhar melhor na formação dos atletas. Um curso que indico a todos.

Ricardo Rezende, técnico da Categoria Infantil
do Clube Atlético Mineiro

O curso foi importante para mim, porque consegui transferir alguns pontos importantes para minha equipe, em termos de concentração, de aprender a ler o olhar do garoto e a transmitir minha informação de forma concreta. Vou conseguir cada vez mais progressos com minha equipe, tanto na parte tática quanto na parte social e psicológica.

Alessandro Fahel, técnico da Categoria Pré-Mirim
do Clube Atlético Mineiro

Estou me conhecendo mais, com isso me fortaleço e fico mais confiante. E, como um líder mais confiante, consigo passar melhor a mensagem aos meus atletas. A partir desse curso, revi minhas ações e vou procurar utilizar essas ferramentas no meu trabalho com a equipe. Tenho certeza de que, com isso, atingirei resultados melhores e mais rápidos.

Diogo Giacomini, técnico da Categoria Juvenil
do Clube Atlético Mineiro

O curso de coaching serviu para que eu possa mostrar aos atletas a importância de estar escutando, fornecendo e recebendo *feedback* no dia a dia. E a importância do crescimento deles não só como atletas, mas também como cidadãos.

Elano Bert, preparador de Goleiros Pré-Mirim do
Clube Atlético Mineiro

Esse curso me fez crescer muito, eu sei que vou crescer muito mais. E vou fazer o Atlético crescer, através das minhas ações. Gostei do que foi falado e do que foi feito.

Heloisa Ribeiro, Assistente Social do
Clube Atlético Mineiro

Eu só tive a ganhar, só tive a melhorar meus conhecimentos e com isso fiquei mais enriquecido para o meu dia a dia. Vou ser um profissional muito mais compreensivo, ouvindo mais as pessoas e procurando passar tudo aquilo que aprendi com mais ênfase, com mais alegria e felicidade.

Eugenio Salomão, supervisor Técnico do
Clube Atlético Mineiro

12

RESUMO DO LIVRO O JOGO INTERIOR DE TÊNIS REFLEXÕES SOBRE ASPECTOS MENTAIS

Conforme já dissemos aqui, o coaching surgiu nos esportes na década de 1970, com Timothy Gallwey, técnico de tênis e autor do livro *O jogo interior de tênis*. Para Gallwey (2012), "os verdadeiros adversários não são seus concorrentes, mas suas próprias limitações e fraquezas".

Ou seja, todos os jogos ou esportes se compõem de duas partes: um jogo exterior e um jogo interior. E muitas vezes o interno é o pior. É no jogo interior que você tem que lutar mais para não perder o foco, para tentar evitar a distração, para evitar a irritação com um lance que pode colocar toda a sua estratégia a perder, para manter a autoestima e a concentração.

O jogo exterior é jogado contra um adversário para superar obstáculos exteriores e atingir uma meta externa.

O jogo interior é o jogo que se desenrola na mente do jogador e é jogado para vencer obstáculos como falta de concentração, nervosismo, ansiedade, ausência de confiança em si mesmo e autocondenação.

Em resumo, esse jogo tem como finalidade superar todos os hábitos da mente que inibem a excelência do desempenho.

Muitas vezes nos perguntamos: por que jogamos tão bem num dia e tão mal no outro? Por que ficamos tensos numa partida e desperdiçamos jogadas fáceis?

As vitórias no jogo interior talvez não acrescentem novos troféus, mas podem trazer recompensas valiosas para o nosso sucesso posterior.

O praticante do jogo interior valoriza a arte da concentração relaxada mais que as outras habilidades; ele descobre uma base sólida para a autoconfiança e aprende que o segredo de ganhar qualquer jogo reside em não tentar demais. Ele tem por objetivo aquele tipo de desempenho espontâneo que só ocorre quando a mente está calma e parece formar um todo com o corpo, que encontra de forma surpreendente os caminhos para superar seus próprios limites.

Além disso, o praticante do jogo interior, enquanto supera os problemas comuns da competição, descobre uma vontade de ganhar que libera toda a energia e que jamais é destruída pela derrota. Praticar o jogo interior é explorar o ilimitado potencial que existe dentro de cada um de nós. Trata-se de um processo bem natural e eficaz de aprender e fazer quase tudo. É o processo que usamos quando aprendemos a falar e a andar. Logo, não precisamos aprendê-lo; já o conhecemos. Tudo que é necessário é desaprender aqueles hábitos que interferem nele e, depois, simplesmente deixar acontecer.

Existem pouquíssimos profissionais e livros que tratam do lado mental dos esportes com alguma profundidade. Assim, há muito o que comentar sobre a melhoria dos processos mentais que permitem ao corpo traduzir em ação o conhecimento da maneira adequada de bater na bola. Como desenvolver as aptidões mentais que conduzem à excelência na prática de qualquer jogo é a tese de *O jogo interior de tênis*.

O papel do coach é ajudar o profissional do futebol (coachee) a alinhar-se dentro desses dois pilares básicos. Logo, o jogo interior, jogado na mente do atleta, é o grande diferencial dos tempos atuais. Estar focado, concentrado, alinhado, desligado dos fatores extracompetição é fundamental. É aí que entra o trabalho do coach. Ele ajuda o atleta a dominar suas emoções, estar mais centrado, levar a sua capacidade ao máximo e empregar todo o seu potencial, ajudando-o rumo aos melhores resultados/performance = sucesso. Com o tempo, os atletas aprendem a superar aqueles hábitos mentais que inibem sua melhor performance.

Algumas queixas dos atletas:

"No treino, eu me saio muito bem; mas no jogo eu me descontrolo".

"Se erro o primeiro passe no início do jogo, jogarei mal por toda a partida".

Por que jogamos tão bem num dia e tão mal no outro? Por que ficamos tensos numa partida e desperdiçamos jogadas fáceis?

"Cada vez que me aproximo do gol diante de um bom adversário, fico tão nervoso que perco a minha concentração".

"Sou o meu maior inimigo; em geral, eu mesmo me derroto".

"Não que eu não saiba o que fazer, é que eu não faço aquilo que sei".

E esses melhores atletas sabem que não atingem o seu desempenho máximo quando se preocupam em alcançá-lo.

Praticando o Jogo Interior

Todo coach se apoia em alguns pilares para desenvolver um processo de coaching. Um deles é conhecer tudo sobre humanidades. Com isso dizemos que é importante conhecer tudo sobre o ser humano, entender como é seu funcionamento e buscar esse conhecimento.

Preocupar-se em alcançar o desempenho máximo é o primeiro passo para fracassar. Um exemplo é quando o atleta diz que "No treino, eu me saio muito bem; mas no jogo eu me descontrolo", ou, então, "Não que eu não saiba o que fazer, é que eu não faço aquilo que sei".

O desafio é jogar inconscientemente. O que isso significa? Significa que, assim como um maestro rege a orquestra praticamente sem olhar a partitura, pois alcançou a competência inconsciente, o atleta deve fazer o mesmo. Isso vem com muito treino, muito ensaio, muito aprendizado. Aliás, é um nível de aprendizado.

Vamos exemplificar com a habilidade de dirigir um automóvel. Quase todas as pessoas, com idade legal, podem aprender a dirigir. Quando nascemos, nós não sabemos que não sabemos dirigir, e somos incompetentes inconscientes na habilidade de dirigir um automóvel. Num certo momento, em nossa vida, nos damos conta de que não sabemos dirigir um automóvel, e esse nível de aprendizado é a incompetência consciente – temos consciência de que não sabemos alguma coisa. Após completar 18 anos, no Brasil, já temos idade legal para obter a CNH, e então fazemos o passo a passo do aprender a dirigir. No início precisamos coordenar o ligar o veículo com a marcha, pedais de embreagem, acelerador, freio, olhar nos espelhos retrovisores externos e interno. Ah, temos também que colocar o cinto de segurança, conhecer as placas sinalizadoras, a legislação. São tantas coisas que, habilitados, se formos parar para pensar, não conseguimos dirigir. Tudo deve acontecer automaticamente! Esse nível de aprendizagem do "automático" é quando atingimos a competência inconsciente. Não pensamos no que iremos fazer. Não pensamos e nem tentamos. O atleta de futebol sabe que a jogada acontece, pois tem domínio do ambiente, do campo de futebol, do time adversário, conhece sua equipe, o técnico, o juiz, os bandeirinhas, a torcida. A jogada acontece num fluxo de energia sem requerer muito esforço e precisão – ela simplesmente acontece

O coaching esportivo visa ao controle emocional do atleta e da equipe, e praticar o jogo interior resultará na maestria que é obter a competência inconsciente de jogar uma partida ou um campeonato de futebol. Enquanto lutamos na tentativa de ganhar o jogo, estamos no nível da incompetência consciente.

Julgamentos pessoais – Acalmar a mente

Para a maioria de nós, acalmar a mente é um processo gradual que envolve o aprendizado de várias aptidões interiores. Essas aptidões são realmente artes de esquecer hábitos mentais adquiridos desde a infância.

A primeira habilidade a aprender é a arte de deixar de lado a tendência humana de fazer julgamento tanto de si mesmo como do próprio desempenho, classificando-o como bom ou mau. Abandonar o processo de julgamento é um ponto básico do jogo interior. Quando desaprendemos a julgar, é possível alcançar um jogo espontâneo e concentrado.

Julgamentos são as nossas reações pessoais ao que vemos, ouvimos, sentimos e pensamos no âmbito da nossa experiência, atribuindo um valor negativo ou positivo a um acontecimento.

Por exemplo: o ato inicial do julgamento que provoca um processo de pensamento. Primeiro, a mente do jogador avalia uma jogada como boa ou má. Se for má, ele começa a pensar sobre o que estava errado com ela e em como corrigi-la. Depois, ele tenta arduamente acertar, dando a si mesmo instruções de como fazer. A essa altura, a mente está inquieta. Caso a jogada seja boa, o Ego 1 começa a tentar descobrir como ele conseguiu uma jogada tão bem-sucedida; ele procura fazer o corpo repetir a jogada dando-lhe instruções e se esforçando mais.

Depois de o Ego 1 ter avaliado algumas jogadas, é provável que comece a generalizar. É interessante ver como a mente julgadora amplia os julgamentos. Primeiro a mente julga a jogada. Depois agrupa jogadas. Em seguida identifica-se com a jogada combinada e finalmente julga a si mesma. Como resultado, o que acontece geralmente é que esses autojulgamentos tornam-se profecias que se autorrealizam.

Logo, depois de ampliados, os julgamentos passam para: eu sou um jogador ruim de futebol, eu não presto, eu sou o pior jogador do time... É como se fosse dado um papel ao Ego 2 – o papel de mau jogador – e ele o desempenhasse, suprimindo enquanto isso as suas reais capacidades.

À maioria dos jogadores faria bem lembrar-se da sabedoria da antiga filosofia yoga: "você se torna aquilo que pensa".

Mas, importante: abandonar os julgamentos não significa ignorar os erros. Se o jogador erra 50% dos passes, a consciência não ignora os fatos. Ela descreve os passes nesse dia como irregulares e vai procurar as causas disso. Se o processo de julgamento pudesse parar de descrever o evento como mau, e não houvesse outras reações do ego, então a interferência seria mínima. Mas os rótulos do julgamento geralmente conduzem a reações emocionais e depois à tensão, ao esforço demasiado e à autocondenação.

Os erros que cometemos podem ser vistos como uma parte importante de nosso desenvolvimento. Logo, o nosso jogo desenvolve-se com a colaboração dos erros. Mesmo o fracasso faz parte do processo. Não são eventos maus, mas parecem durar infinitamente enquanto assim os classificarmos e nos identificarmos com eles.

Como lembrança, o primeiro passo para harmonizar a mente-ego e corpo – isto é, o Ego 1 e o Ego 2 – é deixar de lado o autojulgamento. Quando isso acontece, a confiança se desenvolve e acaba emergindo o componente básico e mais difícil que propicia o desempenho máximo no esporte e em outras atividades: a autoconfiança.

Suprimir julgamentos, desenvolver a arte da programação com imagens e deixar acontecer são três das aptidões necessárias para se praticar o jogo interior.

Lembre-se: a simplicidade é a chave para um jogo estável, firme e regular. Confie em você mesmo e divirta-se.

Praticando o Jogo Interior nos treinamentos

• Filmar os jogos para usar as imagens em treinos para correções de jogadas;

• Fazer treino de dois toques para jogadas mais rápidas e menor chance de o Ego 1 passar instruções ao Ego 2 (o jogador terá pouco tempo para pensar e agirá espontaneamente);

• Marcar saída de bola, sob pressão, acarretando jogadas mais rápidas e com menor chance de o Ego 1 passar instruções ao Ego 2;

• Trabalhar com hipnose, visando a aumentar a concentração dos atletas;

• Substituir atividades físicas pelos treinos bobinhos ou por peladas em campos diminuídos;

• Intercalar atividades técnicas com coletivas, deixando os garotos jogarem à vontade;

• Treinar os fundamentos do futebol (passes longos, chutes de fora da área, passes, domínio de bola etc.);

13

DEPOIMENTO DE UMA PSICÓLOGA SOBRE A FORMAÇÃO DE ATLETAS

Acho incrível seu interesse pelos jogadores de futebol, especialmente pelos jovens que, pelo sonho de serem jogadores profissionais, investem tudo que têm e, na maioria das vezes, saem desse investimento com o sonho frustrado e sem nenhuma perspectiva de vida. Completamente vulneráveis e expostos a riscos sociais. O Estatuto da Criança e do Adolescente tem vários artigos sobre isso.

Quem se interessa por esses meninos que não se profissionalizam no futebol? Para o clube não servem mais. Para o mercado de trabalho, não têm estudos nem qualificação profissional. Fico pensando que a maioria deles deve se envolver com o tráfico de drogas por falta de oportunidades, por revolta...

Acho que quem deve investir nesses meninos, num projeto social, deveriam ser os jogadores de futebol profissionais, que ganham muito dinheiro, e o governo também. Eles precisam ser sensibilizados para isso. Essa situação precisa mudar. Como ação de prevenção, eles teriam que frequentar a escola para poder fazer parte das categorias de base dos clubes.

Gosto da segurança, da confiança que você passa. Você fala não só de questões socioeconômicas, mas também de questões socioeducacionais, socioambientais, culturais, enfim, você fala de questões humanas. Acho que precisa valorizar ainda mais seu lugar de ex-jogador e a insustentabilidade desse futebol que não cuida dos meninos das categorias de base. De seu processo de desenvolvimento educacional, profissional, humano.

Roberta Policarpo de Oliveira – Psicóloga

Comentários ao livro

Mauricio Sita
Editora Ser Mais – Presidente
Você tem um ótimo texto. Acredito no seu sucesso. Abraços.

Maria Cristina
Master coach e Trainer IBC
Revisora técnica
O conteúdo é muito bom. E, considerando o fato de ser inédito, de 0 a 10... 11!!! Parabéns! Seu livro é inovador, sim, sem dúvidas. Qualquer visionário vai querer apoiar.
Rapaz... este seu livro me emociona, me inspira. E eu tenho certeza de que muita gente vai amar também.
Você está de parabéns. Grande master coach!

Ivone Amaral
Agap (Associação de Garantia Atleta Profissional)
Parabéns, Ricardo. Li e gostei muito. O livro me parece rico em informações. Espero e desejo que realmente seja um sucesso e que os leitores possam tirar boas lições sobre o processo de coaching e sua importância no direcionamento das pessoas do futebol aos seus objetivos.
Olha, fiquei maravilhada com a interpretação e visão que você tem do futebol de hoje. Realmente, esse trabalho de coaching será uma valiosa ferramenta para os clubes profissionais, pois, antes de formar o atleta, é necessário formar o cidadão.
Parabéns e muito sucesso em seu trabalho.
Boa sorte. Meu especial abraço.

José Roberto Marques
Diretor-Presidente do IBC
Gostei muito da ideia e realmente acredito que pode dar certo.
Paz e luz.

Marcus Marques
Diretor Comercial do IBC
Fico muito feliz por você, pela finalização desse seu projeto, pela concretização do seu sonho. Um abraço!

REFERÊNCIAS e DICAS DE LEITURA

BERNARDINHO. *Transformando suor em lágrimas*.

BUCKINGHAM, Marcus; CLIFTON, Donald. *Descubra seus pontos fortes*.

CHOPRA, Depaak. *Técnicas de meditação*.

COVEY, Stephen R. *Os sete hábitos das pessoas muito eficazes*.

COVEY, Stephen R. *O oitavo hábito*.

DI STEFANO, Rhandy. *O líder coach - líderes criando líderes*.

FALK, Paulo R. A.; PEREIRA Dyane P. *Futebol – gestão e treinamento*.

GALLWEY, W. T. *O jogo interior de tênis*. Goiânia: IBC, 2012. Apostila.

GARDENSWARTZ, Lee; CHERBOSQUE, Jorge; ROWE, Anita. *Inteligência emocional na gestão de resultados*.

HOBBINS, Antony. *Poder sem limites*.

MARQUES, J. A.; CARLI, E. *Coaching de carreira*.

MARQUES, J. A. *Curso de formação em personal and self coaching:* Módulo I. Goiânia: IBC, 2012. Apostila.

PAULO ANDRÉ. *O jogo da minha vida*.

SILVA, Nilton A. Artigo da pós-graduação em Futebol do Instituto Wanderley Luxemburgo.

SOUZA, Paulo R. M. *A nova visão do coaching na gestão por competências*.

TOSTÃO. *Lembranças, opiniões, reflexões sobre futebol*.

http://pt.fifa.com/. Acessado em 16 de abril de 2013.

http://opiodopovo.wordpress.com/

http://www.unodc.org/pdf/brazil/Futebol%20%E9%20usado%20para%20tr%E1fi-co%20humano%20na%20Europa,%20diz%20estudo%20-%20BBC%20Brasil.doc.